200 conseils pour **un jardin** presque **sans entretien**

Joanna Smith

200 conseils pour **un jardin** presque **sans entretien**

marabout

Publié pour la première fois en Grande-Bretagne
en 2009 sous le titre *200 No-work Garden Ideas*
par Hamlyn, un département
de Octopus Publishing Group Ltd

Traduit de l'anglais par Virginie de Bermond-Gettle
Adaptation et mise en page : Élisabeth Boyer
Relecture : Émeline Guibert

Pour l'éditeur, le principe est d'utiliser des papiers
composés de fibres naturelles, renouvelables,
recyclables et fabriquées à partir de bois issus de forêts
qui adoptent un système d'aménagement durable.
En outre, l'éditeur attend de ses fournisseurs de papier
qu'ils s'inscrivent dans une démarche de certification
environnementale reconnue.

Code article : 41.2747.8/01
ISBN : 978-2-501-08533-5
Dépôt légal : février 2013
Imprimé en Espagne chez Impresia Cayfosa

sommaire

introduction

Le jardin occupe une place et une fonction nouvelles dans nos vies. Nous souhaitons profiter de nos espaces extérieurs, sans en faire nécessairement des lieux de labeur et de culture de légumes, ou de roses de concours. Le jardinage a désormais pour but de s'aménager au fil du temps un endroit agréable en plein air, destiné à la détente, à la vie sociale ou familiale. Cependant, le travail sous-entendu ne séduit plus guère et la tendance serait même à le limiter.

Le jardin sans entretien où, pour ainsi dire, tout se ferait tout seul, relève peut-être de l'utopie, mais nous allons tenter de nous en rapprocher. Grâce aux progrès techniques, les jardiniers se fatiguent de moins en moins et les plantes résistent mieux aux maladies. L'automatisation simplifie les amendements et l'arrosage. Et, pour gagner encore plus de temps, ce livre propose une foule d'idées ingénieuses.

Bien sûr, les jardins superbes et garnis de fleurs, présentés sur les pages en papier glacé des magazines ou à la télévision, ne se font pas du jour au lendemain. En général, ils exigent un jardinier ou même une équipe de jardiniers travaillant d'arrache-pied pendant des heures, jour après jour. Comment rivaliser avec eux, si l'on est déjà très occupé ? Heureusement, le manque de temps n'est pas incompatible avec un jardin merveilleux, d'un style raffiné. Toutes sortes d'astuces permettent d'aménager un espace séduisant sans se tuer à la tâche. Ce n'est pas juste un concept, mais une question d'état d'esprit. Tout le monde peut y arriver à condition de ne pas rechercher un jardin tiré au cordeau, sans une seule mauvaise herbe, ou une pelouse toujours parfaitement tondue…

Imaginez-vous en train de vous reposer dans votre petit paradis au lieu d'en être l'esclave. En adaptant quelques-unes des idées proposées dans ces pages, vous pourrez lui donner une sorte d'autonomie. Finis les sentiments de culpabilité et d'échec. Sortez le hamac et appréciez la vie. C'est là l'un des grands principes du jardin sans entretien.

les éléments verticaux

les clôtures en dur

les murs

Un mur, solution idéale de clôture sans entretien, dure des années s'il est bien construit. Pierre, brique ou parpaing de béton, c'est une affaire de goût. Choisissez un matériau et une couleur qui conviennent au style de la maison et du jardin, et offrez ainsi un fond neutre aux plantations, qui ne se démode pas trop vite ou ne détonne pas au premier changement de décoration. S'il s'agit d'un mur imposant ou long, diversifiez les matières ou trouvez un motif discret pour disposer les briques ou les parpaings.

les panneaux

C'est la solution la plus facile et la plus rapide pour se cacher des voisins et tout bricoleur, même amateur, peut y parvenir. Les clôtures constituées de panneaux ou de planches jointes garantissent l'intimité, mais peut-être préférez-vous les barrières en bois, plus légères. Le bois imprégné sous pression, une fois en place, reste longtemps impeccable. En fait, traité ou non, ce matériau convient à tous les styles : traditionnel, moderne, champêtre ou citadin.

les planches jointes

Ces clôtures sont constituées de planches de bois verticales, clouées à un cadre. Elles sont en général montées sur place, donc à la hauteur qui convient, ce qui permet aussi de les adapter à la pente du terrain. Placées les unes contre les autres, elles garantissent l'intimité et ne manquent pas d'attrait. Elles durent longtemps sans réclamer le moindre entretien, à condition de choisir du bois traité sous pression.

les clôtures basses

Elles sont constituées de piquets espacés, cloués à des traverses. On peut les fabriquer soi-même, mais vous gagnerez du temps à les acheter prêtes à monter. Leur seul défaut, c'est qu'elles sont basses, donc peu occultantes. Elles conviennent mieux au jardin d'accueil, où l'intimité compte moins, ou pour séparer deux zones du jardin. Encore une fois, donnez la préférence au bois dur traité pour limiter l'entretien.

animer un mur

jeu de miroir

Pour le jardinier pressé, les murs sont les limites idéales à son travail. Pour autant, s'ils sont trop présents ou trop hauts, ils risquent d'écraser l'espace ou de le rendre étouffant. Pour donner une illusion d'espace et animer un mur nu, installez un grand miroir. L'effet est remarquable si vous cachez les bords. Pour cela, installez des plantes grimpantes sur le mur, faites pousser des arbustes devant ou installez une arche en bois, qui créera l'illusion d'un passage.

des jolies potées

Au lieu d'aménager un massif devant un mur pour introduire un peu de couleur, disposez une série de pots de hauteurs différentes, qui garniront l'espace vide sans vous demander trop de travail. Jouez sur les formes et les hauteurs : des grands pots avec un côté plat pour s'appuyer contre le mur, des jardinières géométriques, des jolis pots en terre que vous pouvez suspendre au mur avec des fixations en métal. N'oubliez pas que les plantes auront vite soif, surtout si le mur est au soleil. Par conséquent, préférez les grands contenants, et tapissez les parois des bacs poreux avec du plastique pour conserver l'humidité et réduire les arrosages. Sélectionnez des plantes qui résistent à la sécheresse et demandant peu de soins : sempervivum, orpin ou pélargonium.

les barrières

les rondins rustiques

Ces clôtures ultra-simples (des rondins à l'horizontal soutenus par des poteaux verticaux) conviennent très bien pour les jardins à la campagne car elles ne forment pas une séparation trop appuyée entre l'espace privé et les champs avoisinants. Elles ne coûtent pas cher et sont faciles à monter. Les rondins en bois naturel traité sont à privilégier à la campagne car ils sont rustiques et tout à fait couleur locale.

les lattes

Les barrières et clôtures en lattes forment une séparation plus formelle mais l'espace entre les lattes permet de ne pas fermer complètement le jardin. Comme ces éléments ne sont pas très hauts, ils ne cachent pas la vue (des panneaux-écran pourront être installés dans un coin du jardin pour ménager un espace à l'abri des regards). Ils conviennent aussi bien pour diviser le jardin en parties distinctes (potager, coin détente, aire de jeux) que pour sécuriser l'accès à une piscine, par exemple, à condition de prévoir un système de fermeture impossible à manipuler par les enfants.

une note de couleur

Les clôtures ou treillages uniformes sont un peu monotones. Il peut suffire de quelques grimpantes pour les raviver, mais ces plantes réclament des soins durant leur croissance. Une couche de peinture est donc une alternative simple, rapide et, surtout, qui vous fera gagner du temps sur vos travaux de jardinage. Elle peut métamorphoser le jardin sans exiger beaucoup d'investissement. Choisissez une peinture à l'eau, facile à nettoyer, et une couleur assortie aux teintes du jardin. Les tons pastel raffinés, bleu argenté, vert sauge ou jaune, font ressortir les plantations délicates et invitent à la sérénité. Les couleurs vives, comme le rouge, le bleu vif ou le jaune d'or, ne manquent pas d'audace mais sont à utiliser avec prudence. Associez au moins deux couleurs, la clôture et le treillage n'en auront que plus de personnalité.

évitez le bois tendre non traité

On peut être tenté de choisir des piquets, des pieux et des planches en bois tendre pour fabriquer clôtures, pergolas ou arches, car ils sont moins chers et plus faciles à travailler que le bois dur. Mais vous ne ferez pas d'économie à long terme, car vous devrez repeindre et traiter tous les ans vos structures en bois tendre et il vous faudra les remplacer au bout de quelques années puisque le bois aura pourri. Le bois imprégné sous pression (également appelé bois traité autoclave) vous épargnera toutes ces contraintes.

les clôtures végétales

les haies vives

Les clôtures de haies vives sont souvent du plus bel effet et protègent par ailleurs du bruit et de la pollution. Il est essentiel de bien choisir les variétés, selon l'entretien que vous êtes prêt à consentir et vos envies de tailler. N'oubliez pas qu'une haie à feuillage persistant vous cache toute l'année, mais que des feuillus ne font écran qu'en été. Elle mettra quelques années à atteindre sa taille adulte, mais l'attente en vaut la peine. En attendant, posez une clôture temporaire bon marché, en bois par exemple.

10 plantes faciles pour les haies vives

Résistantes et fiables, les plantes suivantes formeront une haie superbe et se contenteront d'une taille annuelle.

1 *Carpinus betulus* (charme)
2 *Corylus avellana* (noisetier)
3 *Cotoneaster lacteus* (cotonéaster)
4 *Crataegus monogyna* (aubépine)
5 *Fagus sylvatica* (hêtre commun)
6 *Garrya elliptica* (garrya)
7 *Ilex aquifolium* (houx commun)
8 *Pyracantha rogersiana* (buisson-ardent)
9 *Taxus baccata* (if commun)
10 *Thuja plicata* (thuya géant de Californie)

des haies faciles à tailler

Même si elle n'est nécessaire qu'une fois par an, la taille des haies est une corvée. Mais il est possible d'aller plus vite et de se simplifier la vie. Tout d'abord, ne laissez pas d'autres plantes pousser près de la haie, afin d'en faciliter l'accès. Si vous avez assez de place pour manœuvrer, tout ira mieux. Étendez une bâche au sol pour recueillir les déchets et éviter ainsi d'avoir à ratisser. Surtout, servez-vous d'un bon taille-haie – achetez le modèle le plus performant selon vos moyens. Un engin à lames longues, que vous passez une seule fois au-dessus de la haie, simplifie énormément le travail.

8 plantes faciles pour les haies fleuries

Les haies libres se taillent moins souvent que les haies classiques, et voici quelques espèces qui offrent par ailleurs l'avantage de fleurir.

1. *Berberis darwinii* (épine-vinette de Darwin)
2. *Berberis thunbergii* (épine-vinette de Thunberg)
3. *Escallonia rubra* 'Crimson Spire'
4. *Forsythia* x *intermedia* (forsythia de Paris)
5. *Prunus spinosa* (épine noire)
6. *Ribes sanguineum* (groseillier à fleurs)
7. *Rosa* 'Nevada' (rosier 'Nevada')
8. *Rosa rugosa* (rosier du Japon)

les arbres

ramasser les feuilles

Les arbres à feuillage caduc rythment les saisons. En hiver, la dentelle de leurs branches nues se détache sur le ciel ; au printemps, leurs pousses vert tendre ravivent le jardin ; en été, ils offrent une toile de fond légère et feuillue ; en automne, beaucoup s'embrasent de teintes rouges et orange. Unique inconvénient, les feuilles qui tombent et laissent des traînées humides dans tout le jardin. Surtout, ne passez pas des heures à ratisser et à balayer. Le plus rapide, pour ramasser les feuilles mortes, c'est la tondeuse : réglez-la sur la position la plus haute, aspirez ainsi les feuilles et recueillez-les dans le bac de ramassage.

8 variétés pour les petits jardins

Les arbres isolés devront mériter leur place dans un si petit espace. Choisissez des essences qui restent décoratives plus d'une saison, voire toute l'année. Les arbres suivants ne réclament aucun soin s'ils sont plantés correctement.

1. *Arbutus unedo* (arboursier)
2. *Betula utilis* var. *jacquemontii* (bouleau de l'Himalaya)
3. *Crataegus laevigata* 'Paul's Scarlet' (aubépine)
4. *Ilex* x *altaclerensis* 'Golden King' (houx)
5. *Malus* x *zumi* (pommier à fleurs)
6. *Prunus serrula* (cerisier du Tibet)
7. *Robinia pseudoacacia* 'Frisia' (faux acacia)
8. *Sorbus aria* 'Lutescens' (alisier blanc)

réutiliser un arbre mort

Les arbres vivent longtemps, mais finissent un jour par mourir et vous laissent un tronc parfois volumineux et un peu triste. Au lieu de vous en débarrasser, transformez-le en élément décoratif et faites courir dessus une plante grimpante. Une espèce sans problème, comme *Clematis montana* var. *rubens*, le couvrira de jolies fleurs roses au printemps, à moins que vous ne préfériez le parfum entêtant du chèvrefeuille.

les oiseaux, une aide précieuse

Les oiseaux, qui dévorent les ravageurs tels que les insectes, les pucerons et les chenilles, mais aussi les escargots et les limaces, sont d'excellents auxiliaires pour le jardinier. Pour les attirer, rien de tel que de planter des arbres où ils peuvent trouver le gîte et le couvert. Les espèces à fruits et à baies les attirent irrésistiblement, le sorbier des oiseleurs *(Sorbus aucuparia)* et les pommiers à fleurs comme *Malus* x *zumi* 'Golden Hornet' ayant tout à fait la cote. Le houx plaît aussi aux oiseaux, mais il faut penser à planter un mâle et une femelle de la variété pour bénéficier d'une profusion de baies rouges.

les pergolas

poteaux rustiques

Des poteaux rustiques pour les côtés et des traverses pour le toit, voici une pergola rustique et facile à monter. Elle est parfaite pour la campagne ou pour un petit jardin de ville classique. Choisissez du bois imprégné sous pression, qui ne demande aucun traitement pendant des années. Scellez les poteaux dans du béton et soignez l'assemblage des traverses. Laissez leur couleur naturelle et ils deviendront d'un joli gris argenté avec l'âge, ou passez une couche de lasure pour les harmoniser avec le cadre.

pergola en kit

Plus élaborée que la précédente, elle trouvera sa place dans un jardin moderne. La pergola est livrée en kit, avec des piquets et des traverses qu'il suffit de visser. Ces kits sont faciles à monter. Optez pour du bois dur imprégné sous pression, car les bois tendres ont besoin d'une couche de protection chaque année. Pour éviter la rouille, utilisez des fixations et des boulons galvanisés. Votre pergola pourra ainsi se passer d'entretien pendant de nombreuses années.

brique et corde

Des piliers en brique forment un cadre esthétique et facile à entretenir. C'est un travail assez simple si vous avez quelques notions de maçonnerie. Vous pouvez relier les sommets des piliers avec de la corde synthétique épaisse et de couleur neutre. Des chaînes ou des traverses en bois font aussi très bien l'affaire. Ce type de pergola sera du plus bel effet si la maison comporte elle-même des briques, à condition d'assortir les couleurs.

habiller les pergolas

les attaches

Pour fixer les plantes grimpantes à un treillage ou à une pergola, oubliez la ficelle et achetez des anneaux ou des bagues d'attache. Ils vous feront gagner du temps, car vous n'aurez pas à les découper. Certaines attaches rigides en plastique fonctionnent comme une ceinture et le fil de fer plastifié, vendu avec son dérouleur, est d'un emploi facile. Les attaches Velcro sont peut-être encore plus simples.

8 plantes faciles pour les pergolas

Pour habiller les surfaces verticales, choisissez des plantes qui restent longtemps présentables sans réclamer des tailles et des soins trop fréquents. Si vous optez pour des variétés à feuillage persistant, elles dissimuleront toute l'année les structures peu esthétiques.

1. *Actinidia kolomikta* (kiwi d'ornement)
2. *Clematis montana* (clématite)
3. *Hedera helix* (lierre)
4. *Humulus lupulus* 'Aureus' (houblon)
5. *Hydrangea anomala* ssp. *petiolaris* (hortensia)
6. *Jasminum officinale* (jasmin officinal)
7. *Lonicera periclymenum* (clématite des bois)
8. *Parthenocissus quinquefolia* (vigne vierge)

les tonnelles

choisir une structure simple

La tonnelle est une structure plus simple que la pergola et on pourra se contenter d'un treillage ou de quelques poteaux que l'on fixera ensemble. Les arceaux en métal sont à la fois discrets et esthétiques mais ils nécessitent d'être traités contre la rouille, sauf si vous optez pour des matériaux galvanisés. Il n'est pas nécessaire de construire une structure trop sophistiquée : une grimpante facile à faire pousser se chargera de décorer votre tonnelle, qui donnera du volume à votre jardin sans toutes les contraintes d'un massif planté… Vous n'aurez qu'à rentrer de temps en temps un rameau qui dépasse.

8 plantes grimpantes faciles

Ces grimpantes poussent sans problème et sans palissage sur un tuteur. Toutes sont fiables, faciles à cultiver et se contentent d'un entretien minimal.

1 *Clematis alpina* (clématite des Alpes)
2 *Clematis macropetala* (clématite)
3 *Humulus lupulus* 'Aureus' (houblon)
4 *Jasminum beesianum* (jasmin rose)
5 *Jasminum officinale* (jasmin officinal)
6 *Lonicera sempervirens* (chèvrefeuille)
7 *Parthenocissus henryana* (vigne vierge)
8 *Passiflora caerulea* (passiflore)

bien choisir les plantes grimpantes

les conditions de culture

Avant de choisir une plante grimpante pour recouvrir une clôture, un mur ou une pergola, vérifiez les conditions de culture sur place pour que le végétal se plaise là où vous l'installerez. Pensez à l'ensoleillement. L'emplacement est-il exposé ou abrité ? La terre est-elle humide, sèche, acide ou alcaline ? Une plante bien adaptée aux conditions du terrain restera en bonne santé sans que vous ayez besoin de lui apporter des soins incessants, tandis que la lutte pour survivre dans un milieu hostile la fera succomber aux ravageurs et aux maladies. D'où un surcroît de travail.

réussir vos plantations

Plantez les arbres et les haies en automne, dans un sol humide, et arrosez bien. Les pluies hivernales devraient prendre la relève. En été, multipliez les arrosages des jeunes plantes pendant les vagues de chaleur, jusqu'à ce qu'elles soient bien installées.

Préparez bien la terre. Ameublissez-la au fond du trou de plantation pour faciliter le drainage et incorporez une bonne dose de fumure organique, qui retiendra l'humidité. Au moment de planter, ajoutez à la terre une poignée d'engrais à libération lente, pour encourager l'arbre à bien démarrer.

Vérifiez régulièrement que l'arbre ou la haie se porte bien. Par temps très sec, si vous devez arroser, soyez généreux pour encourager les racines à se développer en profondeur et non en surface.

les plantations à éviter

les rosiers

Même s'ils sont très séduisants, le jardinier pressé a intérêt à se méfier des rosiers. Non seulement il faut les tailler et couper les fleurs fanées en été pour obtenir une belle floraison, mais beaucoup sont sensibles aux ravageurs et aux maladies, comme la pourriture grise. Ce qui implique des soins et du travail. Les rosiers grimpants sont encore plus fastidieux, car il faut les tuteurer, puis attacher les tiges et les jeunes rameaux. Enfin, il n'est pas facile de tailler à plusieurs mètres de hauteur et l'échelle devient indispensable.

les haies vigoureuses

Les conifères à croissance rapide, qui poussent à toute allure les premières années, sont parfaits si vous êtes pressé d'admirer votre haie. Par exemple, le cyprès de Leyland (x *Cupressocyparis leylandii*) croît d'1 m par an pendant les vingt premières années de sa vie, puis ralentit, mais continue tout de même au rythme de 60 cm par an, jusqu'à 35 m. Pour ne pas se laisser envahir, deux à trois tailles par an s'imposent. Donc, choisissez judicieusement vos plantes pour éviter d'avoir à les rabattre trop souvent. Même le troène se taille deux fois par an.

les surfaces faciles

les erreurs à ne pas faire

les allées d'herbe

Il faut régulièrement rectifier les bords et l'herbe, tassée par les passages, disparaît par endroits, ce qui fait négligé. La tonte n'est pas non plus évidente.

les pelouses à l'ombre

L'herbe n'aime pas l'ombre et aura donc du mal à se développer. Autre inconvénient : dans un petit jardin, les va-et-vient sur la pelouse sont nombreux et, si elle manque de lumière, elle va vite devenir assez vilaine. Attention aussi aux plantes qui débordent sur la pelouse : outre qu'elles rendent la tonte plus fastidieuse, elles font de l'ombre au gazon qui finit par se dégarnir. Vous devrez alors faire des raccords de gazon pour combler ces trous peu esthétiques.

dallages et gravier

Les mauvaises herbes les adorent… Le gravier piétiné et qui s'enfonce dans la terre semble offrir les conditions idéales à la germination des mauvaises herbes (voir page 64). De la même manière, elles aiment coloniser les interstices entre les dallages et il est difficile de les éliminer sans désherbant.

la pelouse

le gazon prêt à poser

Une belle pelouse est une source de plaisir, mais demande du travail et de la patience. Si vous pensez ne pas pouvoir vous en passer, optez pour des plaques ou des rouleaux de gazon. Le résultat est immédiat et vous n'aurez pas à attendre que l'herbe pousse, en pourchassant les oiseaux intéressés par les graines. La pose est plus rapide avec des plaques larges. Préparez le sol comme pour un semis traditionnel : nivelé, émietté et tassé. Commencez par arroser généreusement la terre et, après la pose, maintenez une bonne humidité jusqu'à ce que la pelouse soit bien établie. Si les plaques se dessèchent, elles se rétracteront et des vides apparaîtront. Dans ce cas, remplissez les vides de terre tamisée et de graines, et veillez à maintenir encore une bonne humidité.

une pelouse résistante

Quand vous aménagez une pelouse, que vous posiez des bandes de gazon ou semiez, choisissez un mélange pour usage intensif, avec du seigle. Le résultat ne sera peut-être pas aussi velouté qu'un mélange fin, mais bien plus résistant et supportera les traitements rudes, détail important si vous avez des enfants ou des animaux. Enfin, choisissez un mélange résistant à la sécheresse pour ne pas avoir à arroser par temps sec.

les engrais

Afin d'obtenir une pelouse verte et saine d'un seul coup, nourrissez-la avec un produit alliant désherbant et engrais, en automne ou au printemps. Une herbe saine empêche la propagation des mauvaises herbes et résiste mieux à la sécheresse, ce qui vous permet des économies de temps et d'énergie. En prime, le résultat est magnifique. Saupoudrez votre pelouse de ce produit quand la météo annonce de la pluie et laissez faire la nature. S'il ne pleut pas dans les trois jours, arrosez le gazon au tuyau d'arrosage muni de son embout oscillant.

liberté chérie

Si vous disposez de vraiment trop peu de temps pour jardiner, commencez par vous demander si vous êtes en mesure de faire face à toutes les contraintes d'une pelouse : apports d'engrais, tonte et arrosage par temps sec. Beaucoup de petits jardins peuvent s'en passer facilement, surtout ceux qui sont à l'ombre, où l'herbe pousse assez mal. Hormis si vous avez de jeunes enfants, préférez une solution plus pratique et plus résistante telle que le gravier ou encore des caillebotis sur lesquels vous disposerez des plantes en pot. Imaginez vos dimanches sans corvée de tonte !

la tonte

une bonne tondeuse

Choisissez votre tondeuse en fonction de votre pelouse et du type de coupe souhaité. La tondeuse à cylindre est parfaite pour une pelouse impeccable, bien nivelée, mais la tondeuse à lame rotative convient mieux aux terrains inégaux et aux zones d'herbe résistante. Les tondeuses électriques sont bon marché et pratiques, mais maintenez le fil électrique à l'écart pour qu'il ne soit pas sectionné par les lames (et servez-vous d'un adaptateur de sécurité pour éviter les décharges). Mieux adaptés aux grands terrains, les modèles à essence coûtent aussi plus cher à l'achat. Si vous n'aimez vraiment pas tondre, achetez un robot qui s'en chargera pour vous. Il suffit de délimiter la surface de pelouse à l'aide d'une corde et de piquets ; cet engin à piles tondra votre pelouse à la perfection – vous n'avez plus qu'à le regarder faire.

non à la course d'obstacles

Vous passerez plus de temps à tondre si la pelouse est encombrée de buissons, arbres, bancs, bassins et autres jardinières. Par ailleurs, ces obstacles empêchent la tondeuse de passer partout, ce qui laisse des touffes d'herbe du plus mauvais effet. Enlevez tous ces obstacles ou installez-les sur une surface dallée, aménagée au milieu de la pelouse et au même niveau, afin que la tondeuse puisse passer sur les bords.

des bordures utiles

Rectifier les bords d'une pelouse est l'une des corvées les plus prenantes et les plus inutiles que l'on puisse imaginer. Pour ne plus avoir à le faire, aménagez une bordure autour de la pelouse afin qu'elle ne gagne plus les massifs voisins. Cernez votre pelouse à l'aide de petits pavés (en bois, en brique ou en pierre) disposés à ras de terre. La tondeuse passera dessus sans problème. Sinon, posez des briques ou des dalles sur une chape de mortier, toujours à ras de terre. Les briques sont pratiques pour les pelouses aux bords incurvés et les dalles sont à conseiller si des plantes débordent des massifs.

préférez les formes simples

Vous avez intérêt à simplifier la forme de la pelouse pour ne pas passer trop de temps à tondre ou à rectifier les détails des bordures. Privilégiez par exemple les arrondis pour éviter les virages difficiles. Les cercles sont les formes les plus rationnelles, mais les tracés originaux ne posent pas de problèmes tant que les courbes sont amples. Évitez les massifs de fleurs, les allées d'herbe et les extensions bizarres.

comment tondre moins

Si vous avez peu de temps libre, avez-vous vraiment besoin de tondre toute la pelouse ? Les zones d'herbes hautes ont souvent de l'allure et séduisent par leur fraîcheur. Tondez près de la maison, autour de l'espace de repos et des jeux des enfants, mais laissez le reste en prairie. Si vous ne coupez l'herbe que deux fois par an, au début du printemps et à la fin de l'été, vous aurez même le plaisir de voir pousser des fleurs sauvages.

ne tondez pas trop court

Les coupes trop sévères épuisent l'herbe. Elle devient plus sensible à la sécheresse, ce qui la rend plus vulnérable aux incursions de la mousse et, dans les deux cas, la pelouse s'enlaidit et réclame des soins. Placez la lame de la tondeuse en position haute pour maintenir la pelouse en bon état. Celle-ci devrait être touffue et d'un beau vert émeraude même après la tonte.

remplacer une pelouse à l'ombre

les copeaux d'écorce

Les petites pelouses à l'ombre donnent rarement satisfaction : l'herbe est clairsemée, fatiguée, ou cède la place à la mousse. Dans un petit jardin ou pour aménager un espace à part dans le jardin, les copeaux d'écorce donneront un effet très naturel et se marieront parfaitement à l'ambiance d'un coin détente à l'ombre. Enlevez le gazon et la couche supérieure de terre à la bêche, étalez un géotextile et recouvrez de 10 cm de copeaux d'écorce. Adieu tonte et désherbage !

les cosses de cacao

Alternative intéressante, les cosses de cacao concassées l'emportent sur les copeaux d'écorce par leur élégance. D'un beau brun luisant, elles mettent en valeur les plantes : n'hésitez pas à tirer parti de cette qualité esthétique pour implanter quelques beaux arbustes isolés, qui ne demandent qu'à être admirés. Autre avantage, les cosses de cacao sentent délicieusement bon ! Suivez les mêmes étapes que pour les copeaux d'écorce. Comme vous n'avez plus besoin de tondre et n'avez plus qu'à vous soucier de la beauté du cadre, installez un banc, quelques bacs de plantes qui ne demandent pas trop d'entretien ou des ornements de jardin.

les matériaux solides

les dalles

Peu de surfaces demandent aussi peu d'entretien que les dalles : bien posées, elles survivront à plusieurs propriétaires. Vous avez le choix entre la pierre naturelle, superbe, la pierre artificielle ou les élégants dallages contemporains. Pour inventer des motifs intéressants, mélangez les formes et les tailles. Relativement onéreux si vous faites appel à un professionnel, le dallage est une surface esthétique, résistante et sans entretien. Préparez avec soin la chape et jointoyez au mortier.

les briques

Comme les dalles, les briques offrent une surface solide et durable, qui ne demande aucun entretien. Elles produisent un effet agréable, un peu chargé, qui convient très bien aux petites surfaces. Les décors peuvent être plus recherchés grâce à la combinaison de briques dans des motifs en tressage ou en chevrons. Pensez à acheter des briques résistant au gel et jointoyez-les au mortier pour empêcher les mauvaises herbes de s'y insinuer.

le caillebotis

Les sols en bois sont plus doux à l'œil et au toucher que les dallages. Ce sont des surfaces idéales pour rehausser le niveau du sol. Vous pouvez les monter sur des surfaces en pente ou inégales sans avoir à suer sang et eau pour le nivellement du terrain. Un caillebotis en bois dur imprégné sous pression ne demande pas trop d'entretien et dure plusieurs années sans autre forme de traitement. C'est une solution chère, mais très efficace et idéale pour les jardiniers paresseux.

le gravier

Le gravier est un matériau neutre du plus bel effet dans toutes les situations : cadre champêtre, jardin méditerranéen ou enclos urbain et moderne. Plus rapide et moins cher à poser que la plupart des autres surfaces, il offre un aspect plus naturel que le dallage ou les sols en bois. Sa simplicité lui permet de s'adapter à vos besoins et à vos espaces. Vous pouvez l'agrémenter de quelques plantes pour adoucir son austérité minérale. Le choix est vaste : gravillons, cailloux, galets, en granit, ardoise ou calcaire de différentes tailles et couleurs.

les grandes surfaces

jouez la diversité

Plus la surface dallée ou pavée est étendue, plus elle est facile à entretenir, mais elle risque tout de même de faire un peu triste et vide. Pour y remédier, vous pouvez installer des plates-bandes, des potées ou une petite pelouse, mais c'est bien du travail ! En revanche, si vous diversifiez cette surface minérale, elle devient intéressante en elle-même et peut se passer d'accessoires décoratifs. Essayez d'associer des zones dallées et pavées, couvertes de briques, de gravier ou de bois, ou encore choisissez deux ou trois matériaux contrastés, mais dans le style de la maison. Imaginez un dallage beige cerné de pavés de granit gris et complété par une étendue de gravier au bout du jardin. Piquez quelques plantes ornementales sur le gravier et ajoutez des accessoires décoratifs.

le béton créatif

Rien ne donne moins de travail qu'une dalle en béton, qui est coulée en un rien de temps et à moindre frais. Les paysagistes adorent ce matériau très contemporain, qui n'est pas nécessairement gris et morne. Vous pouvez le colorer pour obtenir différents effets et lui donner une texture ridée, lisse ou rugueuse. Les incrustations de gravier, par exemple, sont également envisageables.

les caillebotis

rajeunir un sol

Pour rajeunir un sol qui a mal vieilli, rien n'est plus simple et rapide qu'un caillebotis. Vous n'avez pas besoin de démolir l'ancienne chape ni de vous soucier de ménager un passage qui doit rester au sec. Appliquez une couche de peinture ou de lasure sur le caillebotis, constitué de carrés préfabriqués d'environ 40 à 60 cm de côté, ou laissez-lui sa couleur naturelle pour l'harmoniser avec le jardin.

habiller une cour

La cour offre déjà une surface ferme sur laquelle vous pouvez poser facilement un caillebotis. Il suffit de le visser sur des lambourdes disposées à intervalles réguliers pour qu'il forme un parquet flottant.

choisir et monter un caillebotis

Un caillebotis de qualité supérieure dure de longues années sans entretien. Même s'ils sont plus chers à l'achat, optez pour des bois traités, durs de préférence, car ils sont plus résistants et n'ont pas besoin d'une couche de protection. Le montage est très simple avec des plots spéciaux dans lesquels viennent s'encastrer les coins des caillebotis. Si vous devez faire un bandeau latéral de finition, supprimez les plots sur le pourtour et remplacez-les par des traverses sur lesquelles vous fixerez les caillebotis extérieurs. Pour éviter la rouille, achetez des vis, écrous et fixations galvanisés.

une terrasse sur un terrain en pente

créer une structure plane

Les terrains en pente exigent de gros travaux de terrassement et de nivellement si on veut aménager une terrasse, un coin détente ou un coin repas. Opter pour une structure plane en bois vous évitera un tel chantier puisque les planches reposent sur un cadre, lui-même maintenu par des piquets en bois. Ceux-ci seront de longueurs différentes pour s'adapter au niveau de la pente. Sur les côtés où la terrasse est très surélevée par rapport au sol, n'hésitez pas à placer une balustrade qui évitera les mauvaises chutes. Prévoyez également quelques marches si vous souhaitez accéder à la terrasse par le bas. Pensez-y à l'avance, pour les intégrer dans la construction. Sous la terrasse, aménagez un espace de rangement destiné aux poubelles ou aux piles de pots de fleurs. Enfin, n'hésitez pas à mettre une touche de couleur en appliquant une peinture ou une lasure sur la terrasse.

le choix du matériau

Pour fabriquer le cadre, prenez du bois solide, imprégné sous pression, qui dure plus longtemps et ne nécessite pas de traitement particulier. Préférez l'acier galvanisé pour les fixations, ce qui vous évitera les risques de rouille et d'oxydation.

limiter l'entretien

le gravier sans mauvaises herbes

Si les mauvaises herbes envahissent le gravier en un rien de temps, il existe des remèdes simples. Étalez une bâche de géotextile sous le gravier et vous n'aurez plus besoin de désherber. Ce tissé semi-perméable laisse l'eau s'infiltrer dans la terre, mais refoule les mauvaises herbes. Vous pouvez installer quelques plantes sur le gravier pour adoucir son aspect minéral : repoussez le gravier, découpez une croix dans le géotextile et rabattez les quatre coins. Plantez, puis remettez en place le tissé et le gravier. Si vous ne souhaitez rien planter, prenez plutôt du polythène épais. Il est tout aussi efficace et coûte moins cher.

remplacer une dalle cassée

Les dalles cassées sont inesthétiques et vous risquez de vous prendre les pieds dedans, mais refaire toute une terrasse est un projet d'envergure. Pour gagner du temps, remplacez juste les dalles abîmées, avec un matériau différent : briques, pavés de granit, petits galets ou mosaïque de carreaux brisés. Enlevez les dalles cassées au marteau et au ciseau de maçon et, le cas échéant, remplacez le mortier. Disposez le matériau choisi sur une chape de mortier humide, laissez durcir puis jointoyez si nécessaire.

des allées faciles à entretenir

en dallage

Les dallages permanents sont les surfaces les plus faciles à entretenir. Le choix est vaste et ils permettent d'aménager de magnifiques allées. Cependant, la pose peut revenir cher et les grandes dalles de plus de 45 cm sont réservées aux tracés rectilignes ; choisissez des dalles plus petites pour les allées sinueuses, afin d'éviter les découpes trop nombreuses. Préparez une chape avec une bonne couche de gravats et de sable – respectivement 8 cm et 5 cm –, qui résistera à l'usage intensif de l'allée. Jointoyez les dalles pour empêcher les mauvaises herbes de s'enraciner.

en gravier

Les allées en gravier ne demandent pas trop de travail à l'installation comme à l'entretien. Ce matériau, qui se marie avec pratiquement toutes les ambiances de jardin permet de concevoir des allées de toutes les tailles et de toutes les formes possibles. Pour une allée qui reste stable longtemps, posez le gravier sur une chape de gravats compactés et tassez. Bordez la chape d'une bordure en bois ou en métal pour que le gravier reste en place.

en briques ou en pavés

Comme les dallages, briques et pavés sont solides et se passent d'entretien. Bien que la pose en soit plus délicate qu'un dallage, leur taille se prête mieux aux petites allées ou aux courbures. Disposez les briques comme les pavés sur une chape ferme de gravats. Au lieu de jointoyer avec du mortier humide, étalez un mélange sec de sable et de ciment sur l'allée puis arrosez pour le faire rentrer dans les interstices.

en copeaux d'écorce

Si les allées d'herbe sont un ennemi redoutable pour le jardinier pressé, les copeaux d'écorce forment une alternative facile à mettre en place et peu coûteuse. Le résultat est d'un effet très naturel et convient à merveille à un jardin d'ombre. Pour empêcher les mauvaises herbes d'envahir votre allée, étendez sous les copeaux une bâche de polythène épais ou de géotextile (plus coûteux). Les copeaux d'écorce sont agréables à fouler et les petits enfants y atterrissent tout en douceur.

un dallage qui résiste au temps

soignez la pose

Qu'ils se composent de dalles, de briques ou de pavés, les dallages peuvent durer très longtemps à condition d'avoir été posés correctement. Sinon, ils ne tardent pas à se désagréger, les mauvaises herbes font leur apparition et leur entretien exige alors beaucoup de temps et d'énergie.

Tous les dallages devront être légèrement en pente, pour permettre l'écoulement des eaux de pluie. Vous éviterez ainsi les eaux stagnantes, ce qui est particulièrement important autour de la maison.

Posez une chape solide. Vous aurez besoin d'au moins 15 cm d'agrégats, recouverts d'au moins 5 cm de sable tassé sur lequel vous étalerez le mortier et positionnerez les dalles. Sinon, coulez une fondation en béton à 10 cm de profondeur minimum et dallez par-dessus. Jointoyez les dalles au mortier, pour éviter les mauvaises herbes qui défigurent le dallage et dont les racines soulèvent le sol.

matériaux : faites le bon choix

Choisissez des matériaux résistant au gel, qui ne s'effriteront pas au premier hiver. Épargnez-vous ainsi les surfaces rendues inégales et inesthétiques, qu'il faudrait alors remplacer.

pour limiter l'entretien

votre outillage

des outils bien affûtés

Des outils en bon état simplifient le travail. Veillez donc à bien les entretenir. Aiguisez de temps en temps les sécateurs et les ébrancheurs, qui seront ainsi beaucoup plus faciles à utiliser. Enlevez la terre sur les lames des bêches, des transplantoirs et des fourches pour les empêcher de rouiller, sauf si elles sont en inox.

louer le gros matériel

Pour certains gros travaux, vous pouvez avoir besoin d'un outillage spécial : le bêchage va deux fois plus vite avec un motoculteur, une dalle est plus facile à réaliser avec une bétonnière, nettoyer un fouillis végétal devient un jeu d'enfant avec une débroussailleuse. Comme ces travaux ne reviennent pas trop souvent dans un jardin sans entretien, pensez à louer ce gros outillage quand vous en avez besoin : la location revient bien moins cher que l'achat et reste une option raisonnable pour les tâches exceptionnelles.

réussir vos plantations

choisir la saison

Sachez planter au bon moment pour éviter de stresser vos plantations. Préférez un temps sec, pour que la terre ne soit pas trop humide, mais évitez les froids trop vifs car le sol sera gelé. Les plantes à racines nues seront mises en place en automne ou au début du printemps, mais les plantes rustiques préfèrent la terre chaude et humide des débuts d'automne. Le printemps convient mieux aux végétaux fragiles, qui résisteront mal à un hiver humide et pluvieux.

préparer la terre

Une terre bien préparée vous fera ensuite gagner du temps : plantes, arbres ou arbustes auront plus de vigueur s'ils prennent un bon départ et ils exigeront moins de soin. Commencez par retourner la terre pour la travailler puis incorporez du fumier ou du compost bien décomposé. Avec les pointes d'une fourche, ameublissez les parois du trou de plantation mais surtout pas le fond, car la plante risquerait alors de s'enfoncer dans le sol.

comment planter

- Arrosez abondamment la plante dans son pot, au moins une heure avant de planter. Si la motte est sèche, faites-la tremper dans un récipient d'eau.

- Creusez un trou plus profond d'au moins 2,5 cm que la motte et à peu près une fois et demie plus large.

- Épandez à la fourche une fumure organique et mélangez-la à la terre qui servira à combler le trou. Ajoutez une poignée d'engrais à libération lente.

- Sortez la plante du conteneur et plantez-la à la même profondeur que dans son pot.

- Tassez la terre autour de la motte et arrosez abondamment pour bien enrober les racines.

achetez des plantes saines

N'achetez pas de plantes chétives ou malades, qui risquent de contaminer leurs voisines. Quand vous choisissez une plante, vérifiez d'abord le feuillage : est-il frais et sain ? présente-t-il des signes de ravageurs ou de maladies ? Si possible, sortez la plante du pot et inspectez les racines. Elles doivent être nombreuses, avoir l'air en bon état, avec plein de terreau autour. Si le fond de la motte est tapissé d'un réseau de racines entremêlées, la plante a passé trop de temps dans son pot et ne prospérera pas une fois repiquée.

soigner vos plantations

nourrissez les plantes

Les plantes ont besoin de nutriments pour prendre racine, se développer, repousser les attaques des ravageurs et des maladies, offrir une floraison abondante. Au printemps, incorporez un engrais à libération lente dans le sol. Cela ne demande guère de temps ni d'effort, mais les massifs et les plates-bandes vous en sauront gré. Évitez les excès, sinon les plantes deviendraient molles et chétives, ce qui ne manquerait pas d'attirer les ravageurs.

le jardinage sans bêchage

Non seulement bêcher est épuisant, mais ce travail fait remonter à la surface des graines de mauvaises herbes qui ne demandaient qu'à germer à la lumière. Arrêtez de bêcher : avant de planter un massif, travaillez bien la terre puis laissez-la en paix. Étalez un paillis organique chaque année pour nourrir la terre et améliorer sa structure, et arrachez vite les mauvaises herbes qui se présentent. Mais ne retournez plus la terre, sauf pour planter.

désherber avant de planter

une corvée plus facile

Avant de garnir un massif, éliminez soigneusement toutes les mauvaises herbes tant que la place est encore libre. En effet, une fois que les vivaces indésirables se mettent à pousser au milieu des plantations et que toutes les racines sont enchevêtrées, le désherbage devient un réel défi. Retournez bien la terre et éliminez la moindre mauvaise herbe.

8 vivaces ennemies du jardinier

Certes, le jardinier pressé en redoute bien plus, mais ces huit vivaces adventices sont les plus communes. Apprenez à les identifier pour les éliminer à coup sûr.

1 *Aegopodium podagraria* (égopode podagraire)
2 *Calystegia sepium* (liseron)
3 *Elymus repens* (chiendent)
4 *Equisetum arvense* (prêle)
5 *Fallopia japonica* (renouée du Japon)
6 *Oxalis corymbosa* (oxalis)
7 *Rubus fruticosus* (ronce)
8 *Urtica dioica* (ortie)

le désherbage facile

désherbez souvent

Il est plus facile de supprimer les mauvaises herbes dès leur apparition. D'un coup de serfouette, vous éliminerez les annuelles. Quant aux vivaces, vous n'aurez aucun mal à les arracher avec leurs racines, ce qui évitera qu'elles ne repoussent ou presque. Prenez l'habitude de faire régulièrement une inspection rapide, pour les empêcher de tout envahir. Si vous les laissez gagner du terrain, elles poseront un grave problème dont vous ne viendrez à bout qu'armé d'une bêche et de patience. Et si elles parviennent à fleurir et à grainer, alors ce sera une lutte sans merci. Prenez les devants et épargnez-vous des heures de travail pénible.

désherbez après la pluie

Après la pluie, la terre est humide et c'est le meilleur moment pour désherber. Vous déracinez sans peine les mauvaises herbes et risquez moins de laisser en place un morceau de racine qui ne tarderait pas à repartir. À l'aide d'une griffe, ameublissez le sol et tirez la plante avec douceur mais fermeté pour enlever le tout.

en finir avec les mauvaises herbes

faites-leur de l'ombre

Les mauvaises herbes ayant besoin de lumière pour germer et pousser, elles ne trouveront pas de place dans un massif aux plantations serrées, sans le moindre espace inoccupé. Formez un groupe important d'une même espèce, par exemple, ou bien juxtaposez des plantes de vigueur égale, afin qu'aucune n'étouffe sa voisine. Ce type de culture implique des apports plus importants d'humidité et de nutriments, afin que toutes les plantes puissent prospérer.

attention aux voisins

Si vos voisins sont moins sourcilleux que vous en matière de désherbage, leurs mauvaises herbes vivaces risquent d'envahir votre jardin. Une clôture ne fait pas reculer l'ortie, par exemple, qui se propage par des racines souterraines. Pour construire un obstacle infranchissable, creusez une tranchée profonde de 30 cm au pied de la clôture. Clouez une bande de géotextile ou de polythène noir au pied de la clôture, puis enfoncez-la dans la tranchée et remettez la terre. Les mauvaises herbes ne devraient pas passer.

l'arrosage

soyez généreux

Plus l'eau pénètre en profondeur, plus les racines s'enfoncent dans la terre. La plante sera donc moins sensible à la sécheresse à l'avenir, ce qui limitera les corvées d'arrosage. Si, au contraire, vous arrosez peu et souvent, les racines restent près de la surface pour capter la moindre trace d'humidité. Par temps sec, les plantes à racines superficielles sont les premières à dépérir car c'est la surface qui se dessèche en premier. Veillez à ce que les apports d'eau soient toujours généreux, et respectueux des besoins de la plante.

le tuyau poreux

Le tuyau poreux est une excellente solution pour arroser un massif jusqu'à ce que les plantes soient installées et il évite les allers-retours avec l'arrosoir. Placez-le dans le massif en le faisant serpenter autour des plantes, puis dissimulez-le sous un paillis organique, qui présente en outre l'avantage d'éviter l'évaporation (voir page 90). Quand vous ouvrez le robinet, l'eau s'écoule doucement à travers les parois du tuyau. Si les plantes sont espacées, utilisez un système d'irrigation similaire mais avec des goutteurs individuels. Pour vous simplifier plus la vie, installez une minuterie qui déclenchera l'arrosage le soir, pendant une heure environ, et vous n'aurez plus à y penser.

le paillis

une aide précieuse

Le paillis est la pierre d'angle du jardin sans entretien. Les paillis organiques, à base de compost de jardin ou de terreau de feuilles, sont particulièrement bénéfiques et agissent à trois niveaux :

- Ils étouffent les mauvaises herbes. Vous passez donc moins de temps à désherber.

- Ils conservent l'humidité dans le sol, ce qui limite les arrosages.

- Ils sont absorbés peu à peu par la terre, ils améliorent sa structure et la rendent plus nutritive. Les plantes en parfaite santé réclameront moins d'engrais.

comment procéder

Au printemps, quand la terre est chaude et humide, c'est le moment d'apporter des amendements organiques sur les massifs et les plates-bandes. Le paillis ne doit pas toucher les tiges des plantes, qui risqueraient de pourrir, mais recouvrir toute la terre nue. Les vers se chargeront de faire descendre cette matière dans le sol, donc pensez à en rajouter chaque année.

quel paillis choisir ?

le compost de jardin

Le compost de jardin est une matière friable, de couleur brune, issue de la décomposition végétale. Souvent, les jardiniers ont un tas de compost où ils recyclent les déchets de la cuisine et du jardin, mais il est aussi tout à fait possible d'en acheter en sac dans les jardineries. Ne vous souciez pas des graines de mauvaises herbes. Même jetées sur le tas, elles succomberont à la chaleur dégagée lors de la fermentation (jusqu'à 60 °C). Étalez une couche de 10 à 15 cm sur les massifs et les plates-bandes à la fin du printemps. Le moment idéal, c'est quand le sol est encore humide des pluies d'hiver, mais qu'il a déjà commencé à se réchauffer.

les écorces compostées

Il s'agit de copeaux d'écorces partiellement décomposés. D'une granulométrie moins fine que le compost de jardin, elles étouffent mieux les mauvaises herbes. Elles mettent plus de temps à pénétrer dans le sol et vous ne devrez en rajouter que tous les deux ans. Moins nourrissantes que le compost, elles sont tout de même une option valable.

le fumier

Bien décomposées, les fumures d'origine agricole sont friables, de couleur sombre, dégagent une odeur agréable et font d'excellents paillis. Elles sont riches en nutriments et retiennent l'humidité dans le sol. Le fumier est donc votre meilleur allié, car la paille imprégnée d'urine se décompose plus vite que les copeaux d'écorces. Ne paillez jamais avec une fumure fraîche, qui brûle les plantes et qui, en finissant de se décomposer, absorbe les nutriments.

le compost de champignons

Relativement bon marché, le compost ayant servi à la culture des champignons convient très bien comme paillis. Cette matière foncée et fibreuse est un mélange de crottin de cheval, de tourbe et de craie. De nature alcaline, il ne convient pas aux plantes aimant l'acidité, comme les rhododendrons. Épandez-en une couche de 10 à 15 cm sur les massifs et les plates-bandes aux derniers jours du printemps, sans toucher aux tiges.

le terreau de feuilles

Les arbres à feuillage caduc sont une source pratique et gratuite de terreau de feuilles. Vous avez le choix entre deux méthodes de préparation. La première consiste à placer les feuilles dans des sacs poubelles fermés mais percés de quelques petits trous. Entassez-les dans un coin et attendez un an. Deuxième solution : vous pouvez aussi empiler les feuilles dans un cadre grillagé et les laisser pourrir au moins un an. Moins nourrissant que le compost de jardin ou le fumier, le terreau de feuilles est cependant excellent pour la terre et très utile en paillis.

maladies et ravageurs

réagir vite

La plupart des problèmes de maladies et de ravageurs ne sont pas graves si vous les affrontez tout de suite. Une fois par semaine à peu près, promenez-vous dans le jardin et inspectez les feuilles grignotées, les tiges tordues ou tout ce qui sort de l'ordinaire. Si vous repérez une anomalie, remédiez-y aussitôt, avant que la plante ne faiblisse ou que les voisines ne soient contaminées. Il est bien plus facile de traiter un cas isolé qu'une attaque virulente.

arrosez les pucerons

Pour remédier à une infestation de pucerons, arrosez-les au tuyau d'arrosage. Cette méthode est rapide et facile. Une fois chassés par le jet d'eau, les pucerons ne devraient pas revenir. Vérifiez de temps à autre l'état de la plante, afin de prévenir un éventuel retour de ces petits nuisibles.

petites bêtes bien utiles

les vers de terre

Les vers de terre font beaucoup pour améliorer la structure du sol, ce qui est excellent pour la santé des plantes et évite bien des problèmes et des pertes de temps ultérieures. Quand ils mangent et s'enfoncent sous le sol, la terre passe dans leur organisme et en ressort sous forme de miettes, ce qui favorise le drainage et l'aération. Pour les encourager à s'installer chez vous, incorporez dans le sol de bonnes quantités de compost de jardin ou de fumier. Ajoutez-en quand vous préparez de nouveaux massifs et des plantations ou si vous étalez un paillis. Pensez aux vers de terre et ils maintiendront votre terre en parfait état, pour le plus grand bien de vos plantes.

les coccinelles et les névroptères

Voici des hôtes de choix qui dévorent des quantités surprenantes de pucerons, d'acariens, de cochenilles et autres ravageurs. Pour encourager ces insectes auxiliaires à se reproduire, à se nourrir et à hiverner chez vous, achetez-leur une petite maison spéciale. Ces gîtes sont étudiés pour les aider à passer l'hiver et certains ont même un œilleton vous permettant de suivre la santé de votre élevage.

les grenouilles et les crapauds

Ils font la chasse aux escargots et aux limaces. Installez-leur un petit bassin et un refuge pour l'hiver. Dans un coin du jardin un peu à l'écart, entouré de plantes hautes ou à l'arrière d'un massif, à l'ombre, entassez quelques bûches ou quelques pierres et ils ne tarderont pas à y élire domicile.

les oiseaux

Ils ont de l'appétit et dévorent une foule de ravageurs en un rien de temps. Les grives adorent les escargots, les étourneaux se repaissent de taupins et les rouges-gorges raffolent des bestioles vivant dans la terre comme les chenilles et les vers gris. Voici donc autant de bonnes raisons pour attirer ces sympathiques auxiliaires dans votre jardin.

• Proposez des nourritures variées, afin d'intéresser des espèces différentes. La margarine, les fruits oléagineux et les graines sont très appréciés.

• Un bain pour les oiseaux, une mare ou même un bol d'eau sur la table leur permet de boire et de se baigner, surtout en hiver.

• À la morte-saison, laissez les fruits et les capsules sur les graminées ornementales et les vivaces. Les pinsons et autres petits oiseaux seront ravis. Attendez le printemps pour nettoyer.

• Laissez pousser des arbustes à baies, comme le houx et le buisson-ardent, pour nourrir les oiseaux en hiver.

• Installez des petites maisons et plantez des arbustes touffus pour les inciter à rester chez vous.

en finir avec les escargots

un peu de bière

Versez de la bière dans de vieux pots en plastique ou des soucoupes et enfoncez-les dans les massifs, de façon à ce que le bord soit au ras de la terre. Attirés par le breuvage, les escargots et les limaces tomberont dans ces pièges et s'y noieront. Remplacez la bière de temps en temps. Essayez aussi avec du lait.

les épluchures de fruits

Le jour, les mollusques aiment se reposer au frais. Disposez au milieu de vos plantes des pelures d'orange, de pamplemousse ou de melon, côté peau tourné vers le haut. Faites une inspection tous les matins et jetez les limaces et les escargots qui s'en seront approchés dans un seau d'eau salée.

ronde de nuit

Vous êtes un jardinier paresseux mais insomniaque ? Sachez que les mollusques des jardins sortent la nuit et c'est le meilleur moment pour les repérer. Sortez avec une lampe de poche, ramassez tous ceux que vous trouvez et jetez-les dans un seau d'eau salée.

quand une plante meurt

déceler les problèmes

Observez bien vos plantes malades pour étudier ce qui s'est passé et prévenir ainsi tout risque de contamination à d'autres plantes.

- Les feuilles et les tiges présentent-elles des symptômes de grignotage ou sont-elles infestées ?

- Si vous ne trouvez rien, inspectez les racines. Il se peut que des ravageurs les aient dévorées ou qu'elles aient souffert de la soif ou d'un excès d'eau.

- Ensuite, vérifiez la terre autour des racines et regardez si des charançons l'ont colonisée.

- Réfléchissez à l'emplacement. Était-il trop sec ou trop humide pour l'espèce en question ? L'ensoleillement était-il excessif ou insuffisant ? Le sol acide ou alcalin ?

le pH du sol

C'est ce qui permet de mesurer l'acidité ou l'alcalinité (la teneur en calcaire) d'un sol. Au-dessous de 6,5, le sol est acide ; entre 6,5 et 7,5 il est neutre ; au-dessus de 7,5, il est alcalin. Achetez en jardinerie un kit d'analyse et adaptez vos plantations à la nature de votre sol : azalées, magnolias, fuchsias, bruyères et véroniques aiment les sols acides ; buis, fusains, géraniums et pois de senteur préfèrent les terrains calcaires.

ranger et nettoyer

un jardin en ordre

Un jardin bien rangé est un jardin tout de suite plus joli. Mais un jardin doit aussi rester en ordre pour des raisons pratiques. Les tas de déchets, vieux pots de fleurs, sacs en plastique et cartons sont un habitat rêvé pour les escargots et les limaces qui en profiteront pour se multiplier. Il est également important de jeter les détritus végétaux, les résidus de taille, les mauvaises herbes et les plantes mortes qui peuvent abriter des virus et des maladies, et donc contaminer vos plantations. Pensez à ne pas jeter de végétaux malades sur le compost, la décomposition ne venant pas toujours à bout des virus et des bactéries.

lavez vos pots et jardinières

Beaucoup de maladies peuvent se transmettre par vos pots si vous ne prenez pas la précaution de les laver dès que vous avez retiré les plantes qu'ils accueillaient. Vous pouvez concentrer cette corvée en une seule séance, par exemple en hiver quand le jardin demande peu de soins. Brossez-les vivement avec de l'eau légèrement javellisée et rincez-les bien avant de les retourner pour les faire sécher.

pour les jardiniers très paresseux

se faire aider

Si vous n'avez ni le temps ni l'énergie pour vous attaquer à un gros chantier comme daller une cour, abattre un arbre ou tailler vos haies, faites appel à une aide extérieure. Vous trouverez sans peine une entreprise spécialisée ou un paysagiste ayant l'expérience et l'outillage indispensable. Demandez un devis écrit avant le début des travaux et vérifiez que l'entreprise a souscrit une assurance couvrant les travaux envisagés. Vous pouvez aussi employer un jardinier pour les travaux d'entretien.

des travaux superflus

Le bêchage est une corvée inutile et fatigante. Adoptez le système sans bêchage (voir p. 80).

Le désherbage peut être évité de plusieurs façons. Empêchez les mauvaises herbes de germer avec des paillis et des géotextiles, et disposez les plantes tout près les unes des autres pour que la terre ne reste pas nue (voir p. 64, 90-34 et 118).

L'arrosage peut être réduit si vous choisissez des plantes résistant à la sécheresse, si vous paillez bien (voir p. 90) et apportez de bonnes fumures qui retiennent l'humidité.

La taille des haies cessera d'être une corvée si vous sélectionnez des sujets ne nécessitant qu'une taille par an (voir p. 18) ou très autonomes (voir p. 138).

les massifs

les erreurs à ne pas faire

les massifs de vivaces herbacées

Chez les vivaces herbacées, une floraison splendide coûte du temps et de l'attention. Elles dépérissent en hiver et vous devez couper les tiges mortes avant l'apparition des pousses au printemps. Il faut souvent les tuteurer, sinon elles s'affalent au milieu de l'été. Enfin, elles passent cinq à six mois sous terre : les massifs vides font pitié et les mauvaises herbes ne tardent pas à les coloniser.

les massifs d'annuelles

Les plantes annuelles en massif offrent certes des floraisons spectaculaires, mais de courte durée. Une fois qu'elles sont fanées, vous devez les déterrer, les jeter et préparer la terre pour les suivantes que vous aurez achetées ou semées vous-même. Ensuite, vous devrez planter, nourrir et arroser avec régularité pour réussir la composition. Et ces opérations se répètent plusieurs fois par an. Optez plutôt pour quelques arbustes faciles à faire pousser et que vous pouvez admirer en toute saison.

les sources d'ennuis

les envahisseurs

Certaines plantes, comme la consoude, la menthe, l'euphorbe ou le géranium vivace n'ont pas leur place dans le jardin sans entretien car elles envahissent tout et vous forcent à intervenir sans cesse pour les rabattre ou les démêler. Si l'une d'elles commence à se propager dans tout le massif, déterrez-la et jetez-la. Dans un massif, choisissez des plantes présentant la même vigueur pour que toutes aient les mêmes chances de survie et pour protéger les plus faibles.

les espèces chétives

Tout comme il semble raisonnable d'éviter les plantes trop vigoureuses, il est judicieux de fuir les plus chétives. Elles demandent des soins spéciaux et ne poussent pas toujours bien. Garnissez vos massifs de plantes faciles, qui ne craignent pas les ravageurs et les maladies, n'ont pas besoin d'être taillées ou rabattues, d'être tuteurées pour se tenir droites, se passent de protection en hiver et supportent le temps sec sans flétrir ni périr. Les plantes qui vont mal ne sont pas à leur place dans le massif, elles le défigurent et vous font perdre un temps précieux.

les semis spontanés

Certaines plantes, comme les ancolies et le fenouil, sont superbes et ont de bonnes manières. Du moins tant qu'elles ne se sont pas mises à grainer. Pour éviter de déterrer des centaines de plantules, profitez des fleurs puis coupez-les avant que les capsules n'aient eu le temps de disperser les graines.

rationaliser les espaces plantés

limiter les massifs

Les plantes sont la principale source de travail dans un jardin. Si vous souhaitez économiser vos forces, commencez par réduire les surfaces allouées aux massifs et aux plates-bandes. Même plantées d'arbustes sans problème, ces derniers réclament de l'attention. N'hésitez pas à en supprimer quelques-uns ou à limiter leur étendue. Remplacez-les par des surfaces en dur (dallage, caillebotis, gravier, etc.). Pour compenser le déficit végétal, installez des ornements de jardin, des statues, des éléments verticaux tels qu'une pergola ou une arche. Quelques arbres ou arbustes isolés, d'entretien facile, suffiront à atténuer cette minéralité. Un choix judicieux à condition d'aimer les jardins dépouillés.

les pas japonais

Les passages répétés au milieu des massifs finissent par tasser la terre que vous devrez ensuite bêcher pour l'ameublir. Pour éviter de marcher sur le sol, disposez des pas japonais aux endroits où vous vous tiendrez pour soigner vos plantations ; ou bien limitez les massifs à une largeur de 1,20 m, ce qui permet d'atteindre tous les points sans jamais fouler la terre.

les paillis décoratifs

pour animer une plate-bande

Les paillis organiques, qui étouffent les mauvaises herbes et préservent l'humidité, sont essentiels dans un jardin sans entretien. Les paillis non organiques, très décoratifs, peuvent jouer le même rôle. Dans un cadre contemporain, le verre pilé, dont la palette s'étend du noir au bleu vif en passant par le vert, ne rate jamais son effet. Gris argenté, les copeaux d'ardoise font ressortir les feuillages architecturaux des plantes vertes et bleues, tandis que les coquillages répondent à un esprit plus traditionnel. Étalez une couche de 8 cm dans vos massifs et plates-bandes en prenant soin de bien dégager le collet des plantes.

faire son choix

Les paillis organiques, qui ont également une fonction esthétique, se décomposent plus ou moins rapidement, ce qui nécessite d'en remettre régulièrement. Les matériaux comme les galets, les cailloux ou le verre favorisent un bon drainage et retiennent la chaleur, ce qui les rend parfaits pour les plantes frileuses. La couleur est un autre critère de choix : les teintes sombres sont superbes avec des plantes très structurées, le blanc et le crème se marient mieux avec des plantations simples et classiques.

pour limiter la taille et l'arrosage

les plantes à croissance lente

Les arbustes à croissance rapide se sentent vite à l'étroit et ont besoin de tailles régulières. Sinon ils envahissent l'allée, cachent la vue d'une fenêtre ou écrasent leurs voisins. Préférez-leur des espèces qui poussent lentement et exigent moins de tailles. Si le massif semble vide au début, garnissez-le de quelques vivaces touffues, des géraniums rustiques par exemple, pour couvrir le sol en attendant que les arbustes se développent.

les arbustes xérophiles

Les arrosages fréquents sont coûteux en temps et en eau. Choisissez donc des plantes naturellement résistantes à la sécheresse. Après la plantation, cependant, maintenez une certaine humidité jusqu'à ce qu'elles soient bien installées.

8 plantes qui aiment le temps sec

1 *Aucuba japonica* (aucuba du Japon)
2 *Cistus* x *purpureus* (hélianthème)
3 *Cytisus* x *praecox* 'Warminster' (genêt précoce)
4 *Escallonia* 'Langleyensis'
5 *Hebe* 'Great Orme' (véronique 'Great Orme')
6 *Ilex aquifolium* (houx commun)
7 *Lavanda angustifolia* (lavande)
8 *Rosmarinus officinalis* (romarin)

les bulbes

des plantes faciles

Les bulbes sont vraiment des plantes très faciles. La plupart ressortent de terre d'année en année et leurs fleurs égaient le jardin sans réclamer le moindre soin. Choisissez des plantes fiables ayant un beau feuillage, afin de ne pas avoir à le couper après la floraison.

les bulbes de printemps

Ils préfèrent la plupart du temps une situation ensoleillée ou à mi-ombre, même si le cyclamen ou le perce-neige supportent très bien l'ombre. Choisissez un sol bien drainé et mettez vos bulbes en terre entre septembre et novembre pour une floraison au printemps.

6 bulbes faciles

1. *Anemone blanda* (anémone)
2. *Crocus tommasinianus* (crocus)
3. *Cyclamen hederifolium* (cyclamen de Naples)
4. *Galanthus nivalis* (perce-neige)
5. *Narcissus* (narcisse)
6. *Scilla siberica* (scille de Sibérie)

6 bulbes de rêve

1. *Allium giganteum* (ail géant de l'Himalaya)
2. *Fritillaria imperialis* (fritillaire)
3. *Iris* 'Blue Magic'
4. *Lilium regale* (lis)
5. *Lilium speciosum* (lis)
6. *Tulipa* 'Blue Parrot' (tulipe perroquet)

réussir un massif du premier coup

sélectionner les plantes

Pour un massif, choisissez des plantes dont vous êtes sûr qu'elles s'y plairont. Lisez bien les étiquettes pour leur assurer le degré d'humidité, l'ensoleillement ou l'ombre qui leur convient. Si vos voisins cultivent des camélias et des rhododendrons, vous avez sans doute un sol acide et vous devriez vous en tenir aux plantes aimant ces conditions. Évitez les achats impulsifs si vous n'êtes pas sûr de vous.

des mélanges bien pensés

Un groupe de plantes ayant toutes les mêmes besoins donne moins de travail qu'un massif garni d'espèces différentes et l'ensemble est souvent très réussi. En plein soleil, par exemple, garnissez une étroite plate-bande de pieds de lavande, qui s'étofferont et offriront une profusion de feuilles argentées et de fleurs parfumées en été. À l'ombre, plantez un massif de géraniums rustiques, entremêlés de lignes de saxifrage panachée (*Saxifraga* x *urbium*), si belle en hiver.

les plantes architecturales

un élément décoratif

Ces plantes aux formes très structurées attirent le regard, cachent un détail peu esthétique ou font ressortir une plantation groupée. On préférera les espèces à feuillage persistant, qui forment un élément décoratif en toute saison, mais certaines variétés caduques offrent des feuillages aux couleurs étonnantes, qui justifient qu'on s'y attarde.

le minimalisme au jardin

Dans un jardin sans entretien, le minimalisme revient à planter moins pour avoir plus de temps libre. Ce style ambitieux mais d'une élégance raffinée exige toutefois des plantes racées. Leurs qualités architecturales introduiront une note d'audace dans le jardin et justifieront leur isolement, des plantations voisines ne pouvant que nuire à l'effet recherché. Pensez aux cordylines, phormiums et autres sujets épineux, aux plantes à port érigé telles que *Juniperus communis* 'Hibernica' ou retombant, comme tant de graminées ornementales.

les graminées

un vaste choix

Le mot « graminées » désigne les plantes de très grande la famille des Poacées (qui inclut, entre autres, les céréales et les mauvaises herbes, la citronnelle ou les différentes variétés de bambous), mais il est aussi employé pour des plantes similaires comme les joncs ou les roseaux. Ce sont le plus souvent des vivaces persistantes, qui durent donc plusieurs années sans nécessiter beaucoup d'entretien.

des plantes faciles

Les graminées sont des plantes merveilleuses, fiables et faciles à entretenir, l'idéal pour le jardinier pressé. Il suffit de couper les hampes au début du printemps. Les bambous offrent une alternative intéressante et très décorative, mais ils sont plus envahissants.

8 graminées exceptionnelles

1 *Briza media* (brize intermédiaire)
2 *Carex oshimensis* 'Evergold' (laîche)
3 *Cortaderia selloana* 'Pumila' (herbe de la Pampa)
4 *Festuca glauca* (fétuque bleue)
5 *Hakonechloa macra* 'Aureola'
6 *Miscanthus sinensis* 'Zebrinus' (eulalie)
7 *Phyllostachys nigra* (bambou noir)
8 *Stipa gigantea* (stipa géante)

les vivaces

les espèces les plus faciles

Les vivaces herbacées peuvent se révéler exigeantes : la plupart doivent être rabattues en automne ou au printemps et certaines ont besoin d'un tuteur, sinon elles s'effondrent. Choisissez plutôt des espèces telles que l'épiaire laineuse *(Stachys byzantina)*, l'alchémille *(Alchemilla vulgaris)* ou le myosotis du Caucase, qui tapissent le sol et ne laissent aucune place aux mauvaises herbes. Les orpins ou les acanthes forment de jolies boules de feuillage assez bas et de belle tenue. Pensez aussi aux vivaces à feuillage persistant, comme le bergenia, la saxifrage panachée (*Saxifraga* x *urbium*) ou les bugles, qu'il est inutile de rabattre.

10 vivaces sans entretien

Ces plantes résistantes s'épanouissent bien un peu partout.

1 *Acanthus spinosus* (acanthe épineuse)
2 *Alchemilla mollis* (alchémille)
3 *Ajuga reptans* (bugle rampant)
4 *Anemone* x *hybrida* (anémone)
5 *Bergenia cordifolia* (plante des savetiers)
6 *Brunnera macrophylla* (myosotis du Caucase)
7 *Geranium* 'Johnson's Blue'
8 *Heuchera villosa* (désespoir du peintre)
9 *Kniphofia* (tritome)
10 *Nepeta* x *faassenii* (herbe-aux-chats)

les vivaces couvre-sols

Les vivaces à port tapissant se répandent au pied de plantes plus grandes et plus décoratives en épaisses nappes végétales, fort efficaces contre les mauvaises herbes. L'épiaire laineuse *(Stachys byzantina)* propose ses feuilles duveteuses et argentées, les bugles se distinguent par des notes de vert et de violet. Les cultivars de lamier *(Lamium maculatum)*, aux belles feuilles vertes, jaunes ou argentées selon la variété, s'intègrent dans différentes gammes colorées. Pour que les feuillages conservent leur épaisseur et leur fraîcheur, éliminez les hampes florales de toutes ces espèces dès leur apparition au printemps et en été.

8 vivaces résistant à la sécheresse

Cultivez des plantes ne craignant pas la soif, afin de ne pas avoir à trop les arroser. Mais pensez à mélanger à la terre une bonne quantité de matière organique au moment de la plantation, pour mieux retenir l'humidité.

1 *Echinacea purpurea* (rudbeckia pourpre)
2 *Echinops ritro* (boule azurée)
3 *Eryngium maritimum* (panicaut maritime)
4 *Liriope muscari* (liriope)
5 *Saxifraga* x *urbium* (saxifrage panachée)
6 *Sedum* 'Herbstfreude' (orpin)
7 *Sisyrinchium striatum* (sisyrinque striée)
8 *Stachys byzantina* (épiaire laineuse)

les rosiers

les rosiers arbustifs

La grande majorité des rosiers demandent trop de soins pour un jardinier pressé (voir p. 26). En revanche, les rosiers arbustifs sont fiables, ne succombent pas à la moindre maladie, supportent de garder des fleurs fanées et se passent de tailles régulières. Certes, leurs fleurs ne sont pas aussi parfaites que les grandes roses des rosiers buissons, mais l'aisance de leur entretien compense largement. Quelques variétés intéressantes : *Rosa* 'Geranium' (un hybride de *R. moyesii*), *R. rugosa* 'Rubra' et *R.* x *alba* 'Alba Maxima', *R. glauca* ou encore *R. gallica* 'Versicolor' (appelée aussi *Rosa mundi*).

pourquoi éviter les rosiers hybrides ?

Chaque année, vous devez tailler les rosiers hybrides à grosses fleurs ou à fleurs en grappes pour qu'ils conservent leur forme et refleurissent en abondance. Il faut aussi couper régulièrement toutes les fleurs fanées pour qu'ils continuent à fleurir. Ces rosiers exigent par ailleurs des apports d'engrais réguliers, mais leur feuillage limité ne couvre pas le sol et les mauvaises herbes en profitent. Enfin, ils sont réputés pour leur sensibilité aux attaques des ravageurs et des maladies.

les rosiers couvre-sols

Sur un talus ou sous un arbre, sur une pelouse à l'ombre qui a du mal à verdir, sur un muret qu'ils recouvrent de leurs fleurs, les rosiers couvre-sols sont une solution assez facile pour mettre des fleurs au jardin sans courir trop de risque. Rustiques et faciles à entretenir, ils forment de superbes tapis fleuris du printemps jusqu'à la fin de l'été.

Plantez ces rosiers en hiver de préférence et arrosez-les généreusement juste après la plantation. Passez ensuite à un arrosage tous les 10 jours. Si vous décider d'en planter plusieurs côte à côte, espacez-les de 1,5 m pour leur laisser la place de se déployer. Ne les taillez surtout pas.

10 rosiers couvre-sols

Ces rosiers ont été sélectionnés pour leur capacité à s'étaler et à couvrir le sol de leur feuillage touffu.

1 'Flower Carpet' (rose indien)
2 'Grouse' (blanc lavé de rose)
3 'Hampshire' (écarlate)
4 'Kent' (blanc)
5 'Nozomi' (rose très pâle)
6 'Pink Bells' (rose vif)
7 'Robin Redbreast' (rouge foncé)
8 'Snow Carpet' (blanc crème)
9 'Swany' (blanc)
10 'Tall Story' (jaune pâle)

les massifs d'arbustes

un choix judicieux

Si vous souhaitez remplacer des massifs trop fastidieux à entretenir, procédez par étapes. Éliminez progressivement les végétaux difficiles et remplacez-les par des sujets ne réclamant qu'un minimum de soin. Si vous rêvez vraiment d'un avenir sans jardinage, choisissez uniquement des arbustes. Ils finiront par évincer les vivaces voisines et votre massif ne réclamera aucun travail.

10 arbustes sans souci

Ces variétés sont belles, fiables et réclament peu de soin. Elles n'exigent aucune taille ou presque, ce qui ne les empêche pas de rester séduisantes.

1. *Berberis* x *stenophylla* (épine-vinette)
2. *Choisya ternata* (oranger du Mexique)
3. *Cornus alternifolia* 'Argentea' (cornouiller à feuilles alternes)
4. *Cryptomeria japonica* 'Elegans Compacta' (cryptoméria du Japon)
5. *Elaeagnus* x *ebbingei* (Elaeagnus panaché)
6. *Ilex* x *altaclerensis* (houx)
7. *Mahonia* x *media* 'Charity'
8. *Potentilla fruticosa* (potentille)
9. *Pyracantha* 'Orange Glow' (buisson-ardent)
10. *Viburnum plicatum* f. *tomentosum* 'Mariesii' (viorne de Chine)

les arbustes couvre-sols

jouer sur les mélanges

Ces arbustes sont la solution idéale contre les mauvaises herbes mais ne sont pas toujours des prix de beauté. Le jardinier pressé peut tout de même trouver autre chose qu'un ennuyeux tapis vert. Pourquoi ne pas mélanger plusieurs espèces et rechercher un beau contraste entre les couleurs des feuilles ou des fleurs ? Pensez à choisir des espèces de vigueur similaire, afin qu'elles se développent au même rythme. Vous pouvez aussi composer une tapisserie de bruyères de nuances différentes dans un coin au soleil ou mélanger des lierres aux feuilles de couleurs et de formes différentes à l'ombre de quelques arbres.

10 arbustes couvre-sols

Ces plantes au port touffu et étalé ne laissent aucune place aux mauvaises herbes. Respectez les distances de plantation, pour ne pas laisser de vides que ces indésirables pourraient coloniser.

1 *Calluna vulgaris* (bruyère commune)
2 *Cotoneaster dammeri* (cotonéaster
3 *Erica carnea* (bruyère des neiges)
4 *Euonymus fortunei* (fusain)
5 *Hebe pinguifolia* 'Pagei' (véronique arbustive)
6 *Hedera hibernica* (lierre d'Irlande)
7 *Hypericum calcynum* (millepertuis)
8 *Juniperus squamata* 'Blue Carpet' (genévrier)
9 *Mahonia repens* (mahonia rampant)
10 *Viburnum davidii* (viorne de David)

les grands arbustes

Mahonia japonica

Ce magnifique arbuste de 2 m de haut, à port érigé, présente de réelles qualités architecturales et mérite d'être isolé. Son feuillage brillant et persistant, à folioles dentées, est disposé en rosettes ouvertes et agrémente le jardin toute l'année. De la fin de l'automne au début du printemps, pendant la dormance, il présente de longues grappes de fleurs jaune clair, au parfum ensorcelant. Les baies sont indigo. Les autres mahonias sont aussi des arbustes très intéressants.

Cornus mas 'Variegata'

Le cornouiller mâle, arbuste buissonnant d'une taille maximale de 2,5 m, offre un spectacle en toute saison. À la fin de l'hiver, ses branches nues se couvrent de petites fleurs jaunes. Il accueille le printemps avec de jolies feuilles vert tendre, marginées de blanc, et, aux derniers beaux jours, se couvre de fruits rouge vif. En automne, le feuillage s'empourpre avant de tomber.

Viburnum tinus 'Gwenllian'

Cet arbuste ravissant, culminant à 3 m, présente un feuillage touffu et vert brillant. À la fin de l'été et au printemps, de fines inflorescences rose pâle émergent de boutons rose foncé. Après la floraison, des quantités de fruits bleu nuit ajoutent encore à son charme.

les conifères

une option intéressante

Résistants, fiables, disponibles dans toute une gamme de couleurs et de formes, les conifères se passent de taille si vous choisissez la bonne variété. Dans un jardin sans entretien, c'est donc le rêve. Ils se prêtent très bien aux mélanges avec des plantes à feuillage caduc, produisant des décors végétaux qui séduisent toute l'année. Les conifères se déclinent en or, bronze, vert, jaune et bleu, le port étant vertical, arrondi ou horizontal. Avant l'achat, vérifiez la taille et la largeur à l'âge adulte, pour éviter de passer votre temps à les rabattre, ce qui les met rarement en valeur.

10 conifères pour jardinier pressé

1. *Cedrus deodara* 'Aurea' (cèdre de l'Himalaya)
2. *Chamaecyparis lawsoniana* (cyprès de Lawson)
3. *Chamaecyparis obtusa* (cyprès d'Hinoki)
4. *Juniperus* 'Frey Owl' (genévrier)
5. *Juniperus scopulorum* (genévrier des Rocheuses)
6. *Picea glauca* var. *albertiana* (épicéa blanc)
7. *Pinus mugo* 'Mops' (pin mugho)
8. *Taxus baccata* 'Dovastonii Aurea' (if commun)
9. *Taxus baccata* 'Fastigiata' (if commun)
10. *Thuja occidentalis* 'Rheingold' (thuya du Canada)

les plantes d'ombre

des discrètes pleines de charme

Elles se développent sous la fraîcheur des sous-bois ou à l'ombre de massifs arbustifs. Cette discrétion leur permet de rendre d'immenses services au jardin en décorant les endroits mal exposés. Les variétés d'ombre sont nombreuses. Parmi les annuelles, citons les bégonias (semperflorens et tubéreux), les browallias, les coléus, les impatientes, les lobélies et les pensées. Mais les vivaces, comme le géranium rustique ou la pulmonaire officinal, sont un choix plus judicieux pour un jardinier peu disponible.

Geranium macrorrhizum

Le géranium rustique forme des coussins de feuilles vertes si épais qu'ils sont de très efficaces couvre-sols. Le feuillage semi-caduc de cette espèce vigoureuse est particulièrement fourni en été et se pare de jolis tons rouge orangé en automne. Au début de l'été, la plante se hérisse de petits bouquets de fleurs roses ou blanches, d'un rose doux chez 'Ingwersen's Variety', d'un cramoisi plus sombre chez 'Bevan's Variety'. D'autres variétés se révèlent tout aussi efficaces pour tapisser le sol, notamment *G. himalayense*, *G. nodosum* et *G.* x *riversleaianum*.

Pulmonaria officinalis

Cette vivace séduit autant pour son feuillage que pour ses fleurs. Elle forme d'épais tapis de feuilles vert vif piquées de taches blanches. Au début du printemps, les très nombreuses fleurs en entonnoir sont rose vif à l'éclosion, deviennent violettes puis bleues avant de faner. Le groupe 'Cambridge Blue' se distingue par des fleurs bleu pâle, l'hybride 'Sissinghurst White' par des feuilles très maculées et des fleurs blanches.

les éléments décoratifs

les erreurs à ne pas faire

les rocailles

Rien n'est plus long à entretenir qu'une rocaille, un tas de terre hérissé de pierres disposées au hasard – du moins en apparence. Il est à peu près impossible de désherber, les racines se cachant sous les roches. Près d'une pelouse, la situation empire si vous n'avez pas pensé à aménager une bande pour la tonte, car la tondeuse ne pourra pas atteindre le bas du monticule. Si vous voulez vraiment cultiver des plantes grasses et de montagne, fabriquez un parterre surélevé avec des traverses de chemin de fer ou des planches de bois traité et remplissez de sol rocailleux et de pierres pour assurer un bon écoulement. Si vous construisez des parois en pierres, jointoyez-les, et pensez à aménager une bande pour la tonte.

les petites potées de plantes

Leurs réserves en eau étant limitées, les petites potées sèchent très vite et, par temps chaud, exigent des arrosages une fois par jour, sinon deux. En plein été, il suffit d'un jour ou deux sans arrosage pour les voir mourir : avez-vous vraiment besoin de telles contraintes ? En répartissant ces pots dans le jardin, vous ne faites qu'aggraver la situation : les arrosages prennent encore plus de temps et vous risquez d'oublier des plantes. Les paniers suspendus et les petites jardinières ont aussi très vite soif et ont besoin d'arrosages réguliers. Sont-ils indispensables ? Est-ce que vous remarqueriez leur absence ? Si vous répondez par la négative à ces deux questions, débarrassez-vous tout de suite de ces potées.

les plantations en pot

leur intérêt

Les grands pots plantés vont tout de suite embellir un mur, un patio, une terrasse, un écran brise-vue. Dans un petit jardin de ville, pas toujours bien exposé, c'est un moyen d'avoir un peu de fleurs ou de belles plantes. Quelques pots bien choisis peuvent suffire à assouvir votre besoin de nature. Le seul inconvénient des plantes en pots, c'est qu'elles demandent du temps pour préparer les potées, les arroser, les soigner.

10 plantes faciles pour les potées

Ces plantes résistantes et fiables ont leur place dans des potées destinées à un jardin sans entretien.

1. Cultivars d'*Acer palmatum* (érable du Japon)
2. Cultivars de *Camelia japonica* (camélia du Japon)
3. *Cordyline australis* (cordyline)
4. *Cynara cardunculus* (cardon)
5. *Miscanthus sinensis* (roseau de Chine)
6. *Nepeta* x *faassenii* (herbe-aux-chats)
7. *Phyllostachys nigra* (bambou noir)
8. *Rosmarinus officinalis* (romarin)
9. *Saxifraga* x *urbium* (saxifrage panachée)
10. Cultivars de *Viola* (pensée)

des plantes qui ont de l'espace

Si vous tenez absolument à disposer des potées dans votre jardin, essayez de voir grand. Dans un récipient volumineux, le terreau sèche moins vite, ce qui réduit la fréquence des arrosages. Les plantes ont plus de place pour se développer et trouvent plus de nutriments. Elles sont donc plus heureuses, plus belles et en meilleure santé, et vous les remplacerez moins souvent, ce qui vous fera gagner du temps et de l'argent. Par ailleurs, une potée de taille imposante attire les regards et remplace à bon compte quelques plantations. Cela dit, ces compositions florales sont souvent assez lourdes. Demandez de l'aide pour les déplacer. Les contenants en plastique, qui ont parfois l'aspect de la terre cuite ou du plomb, ne présentent pas cet inconvénient.

les engrais à libération lente

Connaître les différents types d'engrais et en donner régulièrement demandent du temps et de la précision. En été, quand les plantes sont en pleine croissance, les potées ont besoin d'engrais toutes les semaines. Piquez dans la terre des bâtonnets d'engrais à libération lente, qui durent bien plus longtemps. Vous pouvez aussi incorporer ce type d'engrais à la terre.

un arbuste en pot

simple mais efficace

Un arbuste planté dans un pot réveille une cour ennuyeuse et réclame très peu d'entretien. Choisissez-en un qui fasse vraiment de l'effet. Les arbustes feuillus et dotés de qualités architecturales conservent leur prestance toute l'année, les plus réussis étant les ifs ou les buis taillés, les cordylines, les phormiums colorés et acérés ou encore les yuccas rustiques. Certains présentent plusieurs avantages, comme le skimmia au beau feuillage persistant, qui porte des fleurs au printemps, puis des baies rouges, ou la viorne, dont la floraison s'achève sur de jolies baies. Choisissez un pot qui mette en valeur l'arbuste, en veillant aux proportions, et assez grand pour que les racines puissent se déployer. Remplissez-le de terre et de nutriments pour que votre arbuste soit heureux durant plusieurs saisons sans rien demander.

5 persistants faciles pour les potées

Avec leur feuillage qui dure toute l'année, les persistants en pot forment un décor permanent sur une terrasse ou dans un petit jardin.

1 *Choisya ternata* (oranger du Mexique)
2 *Santolina chamaecyparissus* (santoline argentée)
3 *Viburnum tinus* (laurier tin)
4 *Juniperus* x *squamata* 'Blue Star' (genévrier)
5 *Ligustrum japonicum* (troène du Japon)

l'entretien des potées

chemiser les pots

Dans les conteneurs poreux, en terre cuite et en céramique, par exemple, la terre se dessèche plus vite après l'arrosage que dans une matière non poreuse comme le plastique. Pour réduire les apports d'eau, chemisez les pots avec un morceau de bâche en polythène avant de les remplir de terre. Faites quelques trous au fond pour l'écoulement de l'eau et rabattez le plastique sous la surface de la terre pour le cacher.

regrouper les pots

L'entretien des potées est plus facile et, surtout, plus rapide quand elles sont regroupées. Par ailleurs, elles forment ainsi un microclimat humide, qui ralentit le dessèchement de la terre et offre de bonnes conditions de croissance aux plantes.

l'arrosage des potées

comment se faciliter la tâche

Pour réduire la fréquence des arrosages, mélangez quelques cristaux de gel hydrophile à la terre des jardinières, au moment de la plantation. Les cristaux mouillés gonflent et conservent l'eau jusqu'à ce que la plante en ait besoin. Peu à peu, quand la terre se dessèche, ils restituent l'eau et maintiennent une bonne humidité ambiante.

les paniers à réserve d'eau

Les paniers suspendus se dessèchent très vite, ce qui peut décourager le jardinier pressé. Les inconditionnels pourront toujours acheter un panier muni d'un réservoir, qui dispense d'arroser. Remplissez le réservoir quand vous arrosez et la terre restera humide bien plus longtemps que dans un panier ordinaire, qu'il faut arroser deux fois par jour par temps chaud.

l'irrigation

Si vous avez un grand nombre de potées et peu de temps à leur consacrer, installez un système d'irrigation, qui vous laissera du temps libre. L'idéal est le goutte-à-goutte, un tuyau étroit et souple qui se branche sur un robinet et dont les goutteurs sont placés auprès des pots. Raccordez-le à une minuterie et vous n'aurez même plus besoin de penser à le mettre en marche. Réglez-le pour des arrosages brefs tous les soirs et passez à autre chose.

attention au vent

Les potées ont vite soif quand elles sont exposées au vent, en fait bien plus à redouter que le soleil. Essayez donc de leur trouver un coin à l'abri du vent, pour réduire les besoins en arrosage. Les brise-vent offrent une bonne solution et présentent en outre l'avantage de créer des espaces séparés et de préserver l'intimité du jardin.

des potées (presque) sans arrosage

les plantes grasses

Aussi appelées succulentes, elles existent en une infinité de variétés. Elles sont très simples à cultiver et très peu gourmandes en eau, ce qui permet de les oublier de temps en temps. La plupart présentent des formes et des couleurs originales, comme le sédum, le sénécio, le sempervivum (également connu sous le nom de joubarbe) ou la ficoïde. Toutes ces plantes se multiplient par simple bouturage de la feuille. Un rêve pour les jardiniers paresseux…

10 plantes résistant à la sécheresse

Le choix de plantes résistant à la sécheresse réduit les corvées d'arrosage et évite les catastrophes en cas d'oubli.

1 *Calendula officinalis* (souci officinal)
2 *Erigeron karvinskianius* (érigéron)
3 *Hedera helix* (lierre)
4 *Ilex aquifolium* (houx commun)
5 *Lavandula angustifolia* (lavande)
6 *Pelargonium crispum* (géranium des balcons)
7 Cultivars de *Pelargonium* (géranium des balcons)
8 *Sedum spectabile* (orpin remarquable)
9 Cultivars de *Sempervivum* (joubarbe)
10 *Thymus sempervirens* (thym)

les potées paresseuses

des pots sans plantes

Pots et jardinières n'ont pas besoin d'être remplis de plantes et d'autres options intéressantes ne réclament pas le moindre entretien. Remplissez des coupes de jolis cailloux ou de coquillages ou, dans un décor contemporain, de verre pilé ou de perles de verre. Garnissez une grande céramique de jolies branches, de tiges de bambou ou encore de cannes. Faites travailler votre imagination – c'est moins fatigant.

des pots très décoratifs

Les beaux pots, même vides, possèdent beaucoup de charme, ce qui en fait des ornements parfaits dans un jardin d'où le travail a été banni. Certains ont une forme qui sort de l'ordinaire, amphores au col allongé ou coupes évasées et vides. Plus ils sont décoratifs et originaux, plus il est simple de les laisser dégarnis, bien que la sobriété des lignes reste de rigueur dans un cadre minimaliste. Les terres cuites, aux nuances variées et ornées de motifs divers, feront tout à fait l'affaire, à moins que vous ne préfériez des céramiques vernissées pour leurs couleurs vives.

les parterres surélevés

fini le mal de dos

Les parterres surélevés facilitent l'accès aux plantes, mais aussi le désherbage, puisque vous n'avez plus à vous baisser. Par ailleurs, cette prise de hauteur vous permet de profiter au mieux des senteurs de plantes odorantes à tiges courtes. Faites aussi retomber quelques espèces rampantes le long des parois. Construisez les parois en brique, en pierre, en bois ou avec des vieilles traverses de chemin de fer, selon le style du jardin.

le paillis, un allié du jardinier

Afin d'améliorer l'aspect des parterres surélevés, des bacs et des rocailles, tout en faisant obstacle aux mauvaises herbes, recouvrez les surfaces de gravier ou de gravillons. Une couche de 2,5 cm sur la terre suffit à empêcher toute lumière de parvenir aux graines des mauvaises herbes, ainsi empêchées de germer. Par ailleurs, les plantes sont mises en valeur et vos carrés surélevés ont tout de suite l'air plus soigné.

une pièce d'eau facile

attention aux feuilles

Si vous envisagez d'aménager un bassin dans votre jardin, évitez à tout prix de l'installer sous des arbres ou près de gros arbustes qui perdent leurs feuilles en automne. Vous passeriez des heures à les repêcher, à moins de recouvrir la pièce d'eau d'un filet. Car, si vous n'enlevez pas les feuilles mortes, elles pourrissent et perturbent l'équilibre du milieu aquatique. N'oubliez pas que les sujets à feuillage persistant perdent eux-mêmes leurs feuilles : cette perte se fait sur toute l'année et non pas en quelques semaines, comme les arbres à feuillage caduc. Enfin, rappelez-vous que les baies des ifs *(Taxus)* sont toxiques, donc dangereuses pour les poissons que vous pouvez inviter dans votre bassin.

soleil et ombre

La plupart des plantes aquatiques poussent mieux dans un coin dégagé et au soleil ; à l'ombre, elles s'épuisent et fleurissent mal. Mais attention à ne pas dépasser 5 heures d'ensoleillement par jour, sinon les algues vertes prolifèrent.

une pompe solaire

Installer une pompe et un éclairage dans une pièce d'eau réclame les compétences d'un électricien et prend du temps, d'où l'intérêt du solaire. Les appareils alimentés par l'énergie solaire n'ont pas besoin d'installation et fonctionnent à peine sortis de leur emballage. Ils ne sont pas toujours aussi puissants que leurs équivalents électriques, mais donnent des résultats satisfaisants et il existe différents modèles, certains avec des panneaux intégrés, d'autres avec des panneaux plus grands et isolés. Les lampes se placent sous l'eau ou flottent à la surface.

petit bassin, petites plantes

Dans de bonnes conditions, les plantes aquatiques peuvent pousser très vite. Certaines espèces colonisent un petit bassin en un rien de temps, au risque d'étouffer leurs voisines. C'est le cas des plantes émergées comme des plantes oxygénantes, qui vivent sous l'eau. Sélectionnez-les en fonction de la taille de votre pièce d'eau et évitez les espèces très vigoureuses comme *Typha latifolia* (massette à larges feuilles), à moins d'avoir un grand espace. Si vous introduisez ces sujets incontrôlables, vous devrez les rabattre plusieurs fois durant leur croissance et aurez le plus grand mal à vous en débarrasser, surtout si vous les laissez s'enraciner au lieu de les cultiver dans des paniers.

les plantes aquatiques

les paniers de plantation

Il est plus facile de s'occuper des plantes aquatiques (si vous devez les dédoubler, par exemple) quand elles sont dans des paniers en plastique et non pas enracinées au fond de la pièce d'eau. Il suffit de les soulever puis de les remettre en place une fois les soins finis. Par ailleurs, les paniers présentent l'avantage de restreindre la croissance des plantes très vigoureuses et les empêchent de tout envahir. Afin que les plantes aient la place de s'étoffer, le diamètre du panier sera d'au moins 23 cm. Tapissez le fond des paniers avec de la toile de jute pour maintenir la terre. Dans l'eau, disposez-les toujours à la bonne profondeur : la plupart des plantes émergées aiment baigner dans 8 à 15 cm d'eau, mais d'autres préfèrent être installées plus bas. Lisez les recommandations sur les étiquettes. Si nécessaire, posez les paniers sur des briques pour les rehausser.

un entretien très simple

Contentez-vous d'une taille par an, en hiver : il suffit de couper les plantes qui dépassent de la surface de l'eau en laissant 5 à 10 cm, pour que le gaz carbonique puisse s'échapper si le bassin gèle. Pensez aussi à retirer les tiges des nénuphars, qui finissent par se décomposer et salissent le fond de votre bassin

les plantes d'eau faciles

mélanger les espèces

Pas besoin d'une grande pièce d'eau pour apporter de la fraîcheur au jardin. Un petit bassin est amplement suffisant, d'autant que quelques plantes mélangées font très vite beaucoup d'effet. Penser à associer espèces flottantes (la grenouillaire convient très bien aux petits bassins), oxygénantes (myriophylle, par exemple) et de berge (caltha des marais, iris aquatique).

8 plantes aquatiques faciles

Ces plantes de bonne compagnie sont parfaites pour un petit bassin. À l'achat, évitez les coups de cœur et vérifiez d'abord leur développement maximal.

1 *Aponogeton distachyos* (aponogeton odorant)
2 *Caltha palustris* (caltha des marais)
3 *Hottonia palustris* (hottonie des marais)
4 *Iris laevigata* 'Variegata' (iris)
5 *Myriophyllum aquaticum* (myriophylle aquatique)
6 *Pistia stratiotes* (laitue d'eau)
7 *Pontederia cordata* (pontédérie à feuilles en cœur)
8 *Typha minima* (petite massette)

un bassin pour les amis du jardin

attirer les petits prédateurs

Souvent, les petites bêtes qui viennent se promener dans le jardin sont de précieux auxiliaires contre les ravageurs. Pour les inciter à venir vous voir plus souvent, installez ne serait-ce qu'un petit bassin. Les oiseaux, les hérissons, les tritons, les grenouilles et les crapauds, tous très voraces, raffolent des pucerons, des escargots et des limaces, responsables de tant de dégâts. Donnez-leur de quoi boire et se baigner, et ils seront heureux de rester.

faciliter l'accès au bassin

Pour que le bassin ou la pièce d'eau soit accessible à toutes les petites bêtes utiles qui vous débarrassent des ravageurs, abaissez l'un des bords et disposez quelques pierres dans l'eau. Elles viendront ainsi en plus grand nombre. Pour les plus timides, plantez un peu de feuillage sur au moins l'un des côtés, afin qu'elles puissent aller et venir sans crainte.

des jeux d'eau sans entretien

les fontaines décoratives

Si vous aimez la vue et le bruit de l'eau mais que vous n'avez ni le temps ni l'envie d'entretenir un bassin, achetez une fontaine en kit. L'eau surgit d'un trou pratiqué dans une meule ou un objet similaire, s'écoule dans un réservoir caché dessous, puis remonte grâce à la pompe. Cet accessoire, qui procure une réelle sensation de détente dans un petit jardin, ne présente aucun danger pour les tout-petits.

éviter à tout prix les poissons

À moins que vous ne possédiez une grande pièce d'eau, n'introduisez surtout pas de poissons dans votre bassin car ils demandent beaucoup de soins et d'entretien. Il faut les nourrir régulièrement (donc prévoir que quelqu'un s'en charge quand vous vous absentez), entretenir et nettoyer tout aussi régulièrement le bassin et y installer des plantes oxygénantes, indispensables à la santé de l'eau et de ses habitants. Par ailleurs, les poissons risquent de perturber l'équilibre naturel du bassin et de favoriser l'apparition d'algues vertes qui se nourrissent de leurs déchets.

soigner le décor

les bordures

Faciles à installer, elles ne nécessitent aucun entretien mais peuvent donner beaucoup de cachet. Le choix est vaste : terre cuite cordelée, fer forgé, claies basses en fil métallique ou plaques de plomb décoratives. Laissez-vous guider par votre fantaisie ou fabriquez une bordure avec des galets fichés dans le sol.

les ornements

Statues et sculptures soulignent le style du jardin. C'est pourquoi leur choix et leur emplacement demandent réflexion. Comme vous allez les côtoyer longuement, choisissez des objets qui vous plaisent vraiment. Attention donc aux effets de mode. Les grandes pièces décoratives ressortent mieux dans un site dégagé et deviennent alors un point focal vers lequel tous les regards convergent. Les accessoires plus petits ou les objets anciens, comme les vieilles poteries patinées, produisent plus d'effet au milieu des plantes et apportent une pointe nostalgique au décor.

éclairer le jardin

l'éclairage automatique

Choisissez des lampes automatiques, pour ne pas avoir à les allumer tous les soirs. La solution la plus simple reste les lampes solaires, qui s'allument d'elles-mêmes à la tombée de la nuit et ne nécessitent pas d'installation câblée. Elles durent en moyenne dix heures si elles se sont entièrement rechargées dans la journée. De nouveaux modèles, toujours plus séduisants, ne cessent d'arriver sur le marché.

les lampes basse tension

Au jardin, un réseau basse tension présente l'avantage d'être facile et rapide à installer. Sinon, vous devez enfouir des câbles blindés sous au moins un mètre de terre et protéger les appareils avec un adaptateur de sécurité. Si vous installez un éclairage basse tension, un simple transformateur abaisse la tension à 12 volts. Branchez le transformateur à une prise électrique classique, dans la maison. Les câbles d'alimentation peuvent être posés à même le sol : inutile de creuser pour les enfouir…

choisir son mobilier de jardin

en aluminium

Les meubles en aluminium ne demandent aucun entretien et sont légers, ce qui permet de les déplacer facilement. Ils sont bon marché et leur design est en général assez soigné. Songez cependant que tous les jardins ne s'accommodent pas de leurs lignes plutôt contemporaines.

en bois

L'élégance des chaises, tables et bancs en chêne, teck ou autres essences tropicales convient à la plupart des jardins. Choisissez des meubles de bonne qualité, en bois dur traité, qui dureront de longues années sans entretien. Vous en profiterez encore plus longtemps si vous les rentrez en hiver ou les recouvrez de bâches imperméables. Vérifiez que le bois provient d'une exploitation certifiée.

en plastique

Les meubles en plastique sont bon marché et, pour certains, tout à fait esthétiques. Outre leur légèreté, ils sont souvent plus confortables que les autres. S'ils restent dehors toute l'année, ils tendent à se décolorer et il vaut mieux les rentrer en hiver. Autre avantage pour le rangement, ils sont souvent empilables.

faire durer son mobilier de jardin

En hiver, rangez le mobilier de jardin, le barbecue, l'auvent et autres accessoires, pour les faire durer plus longtemps et ne pas avoir à les nettoyer, peindre, rénover ou, pire, à les remplacer au printemps suivant. Si vous manquez d'espace à l'abri, achetez des bâches imperméables pour les garder au sec et les protéger des intempéries. Il existe même des housses spéciales pour les chaises, les barbecues, les tables et les parasols. Vous avez intérêt à placer ces accessoires sur une surface dure, dans une cour ou sur un dallage, afin que l'humidité de l'herbe ou de la terre ne remonte pas sous les protections. Pour résoudre les problèmes de place, choisissez des chaises empilables ou pliables et rangez-les dans le garage ou l'abri de jardin.

un coup de pinceau rapide

Même traités, les meubles en bois dur séjournant dehors tout l'hiver feront grise mine aux beaux jours. Pour ce type de mobilier assez coûteux, cela peut valoir la peine de s'imposer une petite séance de peinture en appliquant une lasure traitante qui imperméabilise le bois. Avant la première application, il convient de laver les meubles à grande eau et de les faire sécher. Une application par an suffit ensuite.

de la couleur dans le jardin

le mobilier

Quelques touches de couleur peuvent transformer un espace dallé et vide : avec une table et des chaises, il devient un jardin sur cour tout à fait dans l'air du temps – c'est l'affaire de quelques achats judicieux. Quelques objets bien sélectionnés pourront aussi vous éviter des séances de jardinage fastidieuses. Choisissez un thème ou une couleur, puis faites vos achats en vous y tenant, pour assurer l'harmonie de l'ensemble. C'est l'attitude idéale si vous aimez recevoir mais que vous n'avez ni le temps ni l'envie de vraiment jardiner.

les petits accessoires

Nappes et serviettes mettent tout de suite de la couleur. En tissu, en papier ou en plastique, elles se déclinent dans tous les styles. Achetez-en pour toutes les occasions : déjeuner informel, goûter d'enfants, dîner sophistiqué… Pensez aussi aux coussins pour animer le coin repos et réveiller des chaises trop classiques. Rien ne vous interdit de choisir des matières un peu précieuses, comme la soie, à condition de penser à ranger vos coussins au premier signe de pluie… Enfin, n'oubliez pas les détails : bougies, mobiles, vases pour accueillir des bouquets champêtres, coupes remplies de jolis cailloux ou de coquillages.

l'abri de jardin

une structure fonctionnelle

Un abri de jardin vous permet de ranger les outils, pots et autres éléments ayant besoin d'être abrités ou qui peuvent faire tache dans le décor. C'est donc une solution idéale, dans des jardins pas trop à l'étroit, pour garder sans trop d'efforts un jardin agréable à l'œil. Vous pouvez opter pour une structure préfabriquée facile à monter, en veillant à choisir des matériaux qui ne demandent pas trop d'entretien, comme le bois dur traité ou l'acier galvanisé.

un élément du décor

Il est rarement possible de dissimuler un abri de jardin, surtout lorsque la place manque (les écrans et les arbustes ne font souvent qu'attirer l'attention sur ce que vous souhaitez cacher). La meilleure solution, c'est de rendre le présentable et de l'intégrer au décor. Une ou deux couches de peinture transformera un abri de jardin fatigué en une charmante cabane. Choisissez du vert cendré ou du violet pour un style sobre et contemporain ou du vert sapin dans un cadre plus classique. Au besoin, rehaussez de doré quelques accessoires. Les plus aventureux opteront pour les tons pastel, qui ont un petit côté balnéaire tout à fait adapté à un jardin de gravier. Fiez-vous à votre imagination : il n'est pas très compliqué de passer une autre couche de peinture si vous souhaitez changer.

le potager facile

les erreurs à ne pas faire

planter des fruitiers trop imposants

Les arbres fruitiers de haute tige prennent vite trop d'ampleur dans un petit jardin. Même sur un grand terrain, il est très difficile de les tailler et de récolter leurs fruits sans une échelle. La taille définitive d'un arbre fruitier dépend du porte-greffe sur lequel il a été greffé : à l'achat, choisissez appartenant à la catégorie « nains » ou « semi-nains ».

installer des fraises en pleine terre

Les fraises sont des plantes délicates qui exigent un sol riche en matière organique, bien drainé et retenant l'humidité. Le moindre écart les rend fragiles à la pourriture grise et au mildiou et il est difficile de contrôler l'humidité de la pleine terre. Les arrosages directs et la pluie font pourrir les feuilles et il faut pailler pour que les fraises ne se salissent pas. Enfin, escargots, limaces et oiseaux les adorent…

les carrés de légumes

Le carré traditionnel de légumes plantés en rangs, sur la terre nue, demande des soins excessifs. Les mauvaises herbes ne demandent qu'à l'envahir et si vous marchez sur la terre, vous devrez l'ameublir. Vous devrez apporter des fumures et des engrais chaque année sur certaines parties du carré. Oubliez tout cela et plantez vos légumes en rangées courtes et étroites, accessibles depuis l'allée, et plantez serré pour décourager les mauvaises herbes. Les légumes seront peut-être un peu moins volumineux, mais le rendement global sera supérieur.

un potager bien pensé

être sélectif

Souvent, le temps et l'espace manquent pour la culture des légumes. Si vous souhaitez essayer juste quelques cultures maison, privilégiez les légumes pour lesquels une culture maison fait toute la différence. Les tomates du jardin n'ont rien à voir avec les produits du commerce, récoltés avant maturité. D'autres espèces, comme les petits pois, les asperges et le maïs doux, perdent de leur saveur très vite après la récolte et doivent donc être consommer rapidement. Limitez-vous à des légumes exceptionnels : tomates, petits pois, haricots, courgettes et petites carottes.

nourrir la terre

Pour protéger vos cultures contre les maladies et les ravageurs, donnez-leur les moyens d'être en bonne santé… Apportez régulièrement des fumures de matière organique pour nourrir la terre et un peu d'engrais en plus sous forme de fumier de volailles ou de fumier de ferme bien à point pour les espèces voraces telles que les courgettes. Cette matière organique préserve aussi l'humidité dans la terre, mais ne dispense pas d'arroser.

apporter de la couleur

Quand vos bacs de légumes vous semblent un peu monochromes, jouez les peintres en semant quelques capucines. Il suffit d'enfoncer les graines dans la terre. Quelques semaines plus tard, vous verrrez apparaître de belles fleurs rouges, orange et jaunes, mises en valeur par leurs feuilles rondes. Fleurs et feuilles sont comestibles et pourront égayer vos salades.

attirer les insectes auxiliaires

les syrphes

Au jardin, l'aide des syrphes est irremplaçable. Ils pondent près des colonies de pucerons, que leurs larves s'empressent de dévorer. Pour attirer ces prédateurs salutaires et libérer vos légumes des pucerons, cultivez *Limnanthes douglasii*, parfois surnommée « plante aux œufs pochés ». Les syrphes préfèrent les variétés à fleurs ouvertes, ce qui facilite l'accès au pollen. Semez quelques graines dans vos plates-bandes et elles ne tarderont pas à se couvrir de fleurs jaune vif. Quand les fleurs sont fanées, secouez-les pour que les graines tombent à terre et assurent la floraison de l'année suivante.

trouver l'équilibre

Dans ce qu'on appelle les jardins « de curé », les légumes sont souvent à l'abri des incursions de ravageurs, car on y cultive toutes sortes de plantes qui attirent une foule d'insectes, aussi bien des proies que des prédateurs. Imitez la nature et élargissez la palette de vos plantations en mélangeant légumes et fleurs dans les plates-bandes et les massifs. Installez quelques espèces indigènes qui feront venir des nuées d'insectes auxiliaires.

contre la mouche blanche

Depuis des générations, les jardiniers cultivent des œillets d'Inde au milieu de leurs plants de tomates pour tenir à l'écart la mouche blanche. Certains estiment même que, au voisinage de ces fleurs, les légumes-fruits poussent mieux et donnent plus. La mouche blanche, ou aleurode, est une grave menace pour de nombreuses cultures sous serre, en particulier pour les tomates et les fuchsias. À l'extérieur, elle s'en prend aux brassicacées (roquette, radis, navets…). Ce petit insecte suce la sève des plantes, ce qui les affaiblit, parfois jusqu'à les tuer. Plusieurs théories expliquent l'efficacité de l'œillet d'Inde contre la mouche blanche. Récemment, des chercheurs ont découvert qu'il attire les syrphes, dont les larves tuent le ravageur. Certains jardiniers pensent plutôt que l'odeur âcre de cette fleur masque le parfum séduisant des tomates ou encore que les pétales jaunes détournent les mouches des tomates. Quelle que soit la raison, cette méthode fonctionne. Achetez quelques œillets d'Inde et plantez-les au milieu de vos tomates pour passer l'été sans pucerons.

légumes en pots ou en bac

un mode de culture excellent

Les légumes poussent très bien dans des bacs. Premier avantage : vous n'avez pas besoin de bêcher. Vous évitez aussi le désherbage, puisque vous travaillez une terre stérile, achetée en sacs et donc sans mauvaises herbes. Par ailleurs, les apports d'engrais et les arrosages sont faciles à gérer ; les récoltes sont superbes. Autre intérêt : chaque plante pousse sur le substrat qui lui convient le mieux. La terre du jardin peut être une argile lourde et grumeleuse, qui tarde à se réchauffer au printemps, tandis que les conditions seront idéales dans vos jardinières.

8 espèces à cultiver en pot

Presque tous les fruits et légumes réussissent dans des pots, mais les espèces proposées ci-dessous se distinguent particulièrement.

1 Pommier
2 Betterave
3 Piment
4 Courgette
5 Laitue
6 Poivron
7 Haricot à rames
8 Tomate

quels pots choisir ?

La plupart des légumes ont besoin de suivre une croissance régulière, pour fournir une bonne récolte. En cas d'arrosages irréguliers, les légumes-feuilles comme la laitue, l'épinard et le poireau sont perdus. Ils font des fleurs et des graines, et les légumes-fruits – comme les tomates – éclatent s'ils reçoivent trop d'eau après une période au sec. Quand vous cultivez des légumes en pot, choisissez des contenants assurant une humidité maximale pour empêcher le terreau de se dessécher et passer ainsi moins de temps à arroser. Achetez des pots en terre vernissée ou en plastique et, par temps très sec, posez-les sur une soucoupe pleine d'eau. Pour les endroits en vue, par exemple la terrasse, préférez-leur cependant de beaux modèles en céramique vernissée dont vous tapissez le fond avec du plastique.

les sacs de culture

Les sacs de culture en PVC simplifient la vie. Il suffit d'ouvrir le sac (rempli de terreau), d'y jeter quelques graines ou de planter un jeune sujet et de bien arroser. Placez le sac au soleil, au pied d'une clôture ou d'un mur, puis attachez des liens verticaux pour faire courir les grimpantes. Pensez à l'environnement et choisissez des sacs préparés avec du terreau sans tourbe.

astuces pour un bon rendement

des plants plutôt que des semis

Si vous souhaitez faire pousser des légumes vite et sans vous tuer à la tâche, évitez les semis. Achetez de jeunes plants et repiquez-les tout de suite dans des pots ou dans des bacs. Les jardineries et les pépiniéristes ont beaucoup élargi leur gamme et vous trouverez sans peine des tomates succulentes, des concombres, des poivrons, des piments, des courgettes, des aubergines, du maïs doux ou des melons. Vous économiserez beaucoup de temps si vous n'êtes plus astreint à semer, fournir la température idéale à vos plantules, les éclaircir, trouver de la place sous abri pour des piles de plateaux de semis. Sans parler des angoisses du jardinier qui voit ses semis sur le point d'échouer.

des légumes très résistants

Pour ne plus perdre votre temps à soigner des plantes malades, choisissez des variétés résistantes aux ravageurs et aux maladies. Les carottes 'Flyaway' et 'Sytan', par exemple, n'attirent pas la mouche de la carotte, le panais 'Gladiator' résiste au chancre et le haricot vert 'Cantare' ne craint pas les virus. Au moment de l'achat, vérifiez les qualités des variétés. Cette précaution vous fera gagner un temps précieux.

cultiver les légumes

mélanger les cultures

Installez vos plantes potagères au milieu des cultures ornementales. Cette solution offre une grande flexibilité. Si vous avez moins envie de légumes une année, vous n'aurez qu'à planter plus de fleurs. Facilitez-vous la vie avec les plates-bandes et vous réduirez les corvées de bêchage et de désherbage. Comparez cette méthode avec le classique carré de légumes qu'il faut entretenir et désherber toute l'année, qu'il soit planté ou vide…

soignez vos cultures

Pour décider quelles plantes potagères vous cultiverez, face à une offre alléchante, faites preuve de réalisme et limitez vos ambitions. Si vous manquez de temps et de place pour prodiguer des soins attentifs à votre potager, mieux vaut acheter peu de variétés et bien les cultiver plutôt que d'essayer d'être sur tous les fronts.

les semis

des semis échelonnés

Si vous souhaitez tenter quelques cultures de semis mais éviter toute surproduction, semez juste quelques graines de chaque espèce – laitue, betterave et radis –, puis recommencez quelques semaines plus tard, et ainsi de suite. Échelonnez les semis et vous aurez des produits frais sur plusieurs mois.

le semis à la volée

C'est la méthode la plus facile, mais il faut maîtriser assez le geste pour répartir les graines uniformément. Ce mode de semis est moins fastidieux que le semis en ligne (le long d'un cordeau, en veillant à ce que la profondeur du sillon soit proportionnelle à la taille des graines) ou en terrine (pour les plantes délicates qui seront ensuite repiquées en pleine terre).

5 espèces pour des semis à la volée

1 Betteraves
2 Carottes
3 Radis
4 Mesclun
5 Oignons blancs

Ces espèces poussent rapidement et facilement. Il suffit de semer une pincée de graines à la volée dans un coin de terre ou une jardinière pour profiter des résultats quelques semaines plus tard. Récoltez les légumes tout jeunes, ce qui vous évitera la corvée d'éclaircissage. Petites et tendres, les carottes et les betteraves sont un vrai régal.

des légumes faciles

les courgettes

La délicieuse courgette est une force de la nature. Un pied produit sans discontinuer, tout au long de l'été, et deux pieds nourrissent une famille. Vers la fin du printemps, semez deux graines dans un petit pot rempli de terreau toutes plantes, posez-le sur le rebord d'une fenêtre et maintenez une bonne humidité. Si des graines germent plus tard, jetez les plus petits plants. Quand le jeune plant est assez grand, repiquez-le dans une plate-bande ou un pot, et faites-le bénéficier d'une fumure. Arrosez avec régularité. Plus vous ramassez de courgettes, plus il en pousse. En automne, débarrassez-vous de la plante.

les radis

Difficile d'imaginer un légume plus facile à cultiver. Semez quelques graines et, trois à quatre semaines plus tard, récoltez. Les radis poussent vite, mais il faut se dépêcher d'en profiter, sinon ils deviennent durs et ligneux. Semez dans un pot ou un coin vide de plate-bande, à la fin du printemps, et maintenez une légère humidité. Quand les racines ont gonflé, arrachez le tout en tirant sur les feuilles et semez la série suivante. Essayez plusieurs couleurs : rouge, rose, violacé, blanc.

les haricots verts

Ils poussent sans problème et les variétés naines se passent même de tuteurs. Outre le haricot vert classique, essayez les variétés violettes, rouges, jaunes ou tachetées de blanc. Semez en place à la fin du printemps et arrosez bien, surtout au moment de la floraison. Pour la récolte, n'attendez pas et cueillez des haricots encore petits et tendres. Il en repoussera d'autres aussitôt. À la fin de la saison, jetez les pieds.

les plantes potagères vivaces

l'artichaut

Cette plante superbe ne dépare pas dans les plates-bandes et les massifs. Au début de l'été, les hampes florales de 90 cm surgissent au milieu d'une grande rosette d'énormes feuilles argentées et dentées. Dégustez les boutons floraux avant qu'ils ne s'ouvrent. Plantez le pied au soleil et assurez une bonne humidité au moyen d'un paillis.

la rhubarbe

Elle pousse presque partout et un pied fournit à lui seul assez de délicieux pétioles rouges pour toute une famille, et cela d'année en année. Plantez-la au soleil dans un massif et recouvrez le sol de matière organique pour l'enrichir et préserver l'humidité. Abstenez-vous de récolter la première année, pour qu'elle ait le temps de s'installer. Au printemps suivant, puis chaque année, arrachez et dégustez environ la moitié des pétioles, mais arrêtez vers le milieu de l'été pour laisser la plante poursuivre sa croissance.

la ciboule

D'une culture facile, cette sorte de ciboulette géante remplace très bien les oignons de printemps. C'est un ingrédient culinaire incontournable au Japon et en Chine. La ciboule supporte stoïquement les hivers les plus rigoureux. Plantez-la dans une plate-bande et prélevez des feuilles selon les besoins. 'Totem' est une variété résistante et à croissance rapide.

les légumes-feuilles

les salades

Choisissez de préférence des laitues à couper, moins exigeantes que les laitues à cœur. Vous pouvez couper toute la laitue (les feuilles repousseront) ou ne prélever que la quantité de feuilles dont vous avez besoin. Parmi les laitues à couper, les championnes ont pour nom 'Radichetta' (une très bonne rustique aux feuilles croquantes), 'Lattughino' (une belle batavia italienne au feuillage vert et violet) et 'Lollo Rossa' (variété rouge). Les laitues à cœur exigent beaucoup plus d'arrosages et d'engrais, mais ont aussi davantage tendance à grainer, ce qui les rend amères.

épinard ou blette ?

L'épinard est difficile à faire pousser car il réclame une terre très fertile, ayant une forte teneur en azote et une bonne fumure organique, et ne doit jamais souffrir de la soif. À la moindre chaleur, il se met à grainer et ses feuilles perdent vite leur saveur, réduisant à néant tous vos efforts. Très savoureuse elle aussi, la blette *(Beta vulgaris)* ne connaît aucun de ces problèmes. Cette plante résistante ne monte pas en graine et tolère le vent. Semez dans une terre fertile vers le milieu du printemps pour récolter en été ou aux derniers beaux jours pour la savourer en hiver. Prélevez les feuilles sur l'extérieur, selon les besoins, et si le pied semble fatigué, coupez tout le feuillage. Il repoussera vite.

les herbes aromatiques

des plantes faciles

La plupart des herbes aromatiques sont des vivaces faciles et fiables, donc tout à fait intéressantes pour ceux qui souhaitent ne pas consacrer trop de temps à leur jardin. En cuisine, elles sont indispensables pour parfumer et valoriser la saveur des plats. La plupart peuvent pousser dans des plates-bandes ou des pots et ne réclament pas plus de soin que d'autres plantes. Elles offrent en outre souvent l'avantage d'être décoratives.

les espèces intéressantes

Le romarin, le thym et la sauge forment de jolis arbustes à feuillage persistant et résistent bien à la sécheresse, ce qui limite les corvées d'arrosage par temps sec. La ciboulette, la marjolaine, l'estragon et l'origan, eux aussi des vivaces, sont superbes dans les plates-bandes et les massifs, et ne demandent pas de soins particuliers. Le persil et le cerfeuil sont des bisannuelles (qui ne durent que deux ans), mais ils sont peu exigeants. Achetez des pieds au printemps, récoltez au fur et à mesure de vos envies, puis jetez-les l'année suivante, après la floraison. Prenez quelques précautions avec la menthe et la consoude, deux espèces très envahissantes.

l'entretien des herbes en pot

Arrosez régulièrement les herbes fraîchement plantées et apportez un engrais organique toutes les quatre semaines. Pour encourager le développement des feuilles, vous pouvez pincer régulièrement l'extrémité des pousses. Quand les plantes atteignent une belle taille, vous pouvez commencer à récolter des feuilles selon vos besoins, en essayant de le faire régulièrement pour que les plantes restent touffues et jolies à regarder.

10 plantes aromatiques faciles

Ces vivaces aromatiques sont jolies à regarder et livrent à profusion des feuilles qui agrémenteront votre cuisine.

1 Laurier
2 Ciboulette
3 Fenouil
4 Citronnelle
5 Marjolaine
6 Menthe
7 Romarin
8 Sauge
9 Thym
10 Sarriette vivace

les aromatiques à portée de main

Simplifiez-vous la vie et plantez vos aromatiques près de la cuisine pour y piocher au besoin servir du thym pour un poulet rôti ou du basilic pour les tomates. Si vous aimez cuisiner en plein air, faites-les pousser dans un petit massif ou un parterre surélevé, tout près du coin déjeuner.

la menthe, une envahisseuse

Très précieuse en cuisine, la menthe se comporte moins bien au jardin et peut tout envahir à une vitesse hallucinante. Vous aurez à peine le temps de vous en apercevoir et déjà il vous faudra passer des heures à l'arracher, armé d'une pelle. Prenez les devants et plantez la menthe dans un bac sans fond, enfoncé dans un massif. Le bac doit être assez profond pour que les racines restent au fond.

un mini-verger sans peine

les pommiers à tige unique

Si les pommes sont parmi les fruits les plus faciles à cultiver, vous pouvez encore réduire votre labeur en choisissant des arbres à tige unique, qu'il est à peu près superflu de tailler. Ces pommiers touffus se contentent de peu de place et poussent très bien en conteneur. 'Ballerina' et 'Minarette', qui atteignent 2 m de hauteur, sont tout à fait recommandables. Évitez les arbres de haute tige qu'il faut tailler une ou deux fois par an, selon la variété, pour obtenir une charpente favorable à la fructification.

les arbres fruitiers nains

Si vous disposez d'un balcon pas trop petit ou d'un jardin de ville bien exposé, n'hésitez pas. Les fruitiers génétiquement nains sont faciles à vivre : ils sont généralement auto-fertiles, ne se taillent quasiment pas, ils donnent assez rapidement des fruits de belle taille. Pêches, nectarines ou pommes sont autant de fruits que vous pouvez faire venir dans un endroit restreint, à condition d'investir dans un grand pot et dans un arrosage automatique (les fruitiers nains supportent mal le manque d'eau); n'oubliez pas non plus de prévoir des apports d'engrais réguliers.

des fruits sans hésitation

les conditions de culture

Le sol et l'orientation sont des points essentiels pour la culture des arbres ou arbustes fruits. La qualité et l'abondance de la récolte en dépendent. Par ailleurs, ils ont des répercussions sur les réactions des végétaux aux ravageurs et aux maladies. Les myrtilliers, par exemple, ont besoin d'un sol acide et font piètre figure dans une terre alcaline. Les pêchers aiment les coins chauds et abrités, par exemple une exposition plein sud, près d'un mur. Donnez les conditions idéales à vos cultures vivrières pour en tirer les meilleurs résultats.

le groseillier à maquereaux

Si vous aimez les fruits qui se développent facilement, essayez le groseillier à maquereaux. Dès la deuxième année, il donne en abondance des baies qui sont parmi les premières de la saison. Il se plaît au soleil ou à mi-ombre et prospère dans un grand bac. Voici quelques variétés qui acceptent tous les sols et résistent aux virus : 'Careless' est délicieux et pousse dans des sols divers, 'Jubilee' résiste aux virus et 'Invicta', un arbuste très fructifère, échappe au mildiou.

des baies faciles

les fraises des bois

Si vous voulez des fraises qui poussent facilement, celles des bois feront votre bonheur. Ces jolies plantes vivaces livrent une quantité de petites baies délicieuses du milieu de l'été jusqu'en automne. Leur taille est certes réduite, mais elles ont plus de saveur que les variétés classiques et sont merveilleusement sucrées. Elles ignorent les problèmes de maladies et de ravageurs, y compris les limaces, les escargots et les oiseaux. Les fraises des bois n'exigent aucun traitement particulier et prospèrent aussi bien dans les plates-bandes que dans les pots et jardinières.

les framboisiers remontants

Ils donnent dès la première année. Les framboises sont peut-être un peu moins grosses que chez les framboisiers non remontants, mais l'entretien ne saurait être plus simple. Il suffit de couper toutes les cannes au début du printemps. 'Autumn Bliss' remporte un succès fou, mais 'Golden Everest', aux baies blanches, vaut le détour. Contrairement aux variétés non remontantes, les framboisiers remontants ne s'affaissent pas et n'ont pas besoin d'être palissés.

pour les jardiniers pressés

des tomates sur une terrasse

Très proches de leurs ancêtres sauvages, les tomates-cerises sont très faciles à faire pousser et se cultivent sans problème en pot (prévoir au moins 30 cm de hauteur et de largeur). Les variétés sont nombreuses. Comme elles donnent des fruits plus tôt que les grosses tomates, elles sont idéales pour les régions où le soleil n'est pas toujours au rendez-vous. Les plants de tomates-cerises sont faciles à trouver dans le commerce. Achetez-les à la mi-mai si vous n'avez pas le temps de semer et installez-les au soleil. Arrosez régulièrement pour maintenir le sol humide.

des fraises vite fait

C'est dans des pots remplis du terreau adéquat que la culture des fraises se révèle la plus simple. Préparez un mélange de terre et de fumier bien décomposé ou de compost. Ce mode de culture facilite également la lutte contre les ravageurs : il suffit de scotcher un adhésif contre les escargots sur le pourtour du pot et de recouvrir la plante d'un voile pour décourager les oiseaux. Il est tout aussi aisé de maintenir le niveau idéal d'humidité pour empêcher toute attaque d'oïdium ou de mildiou : arrosez seulement quand la terre est vraiment sèche.

index